Inspiration
Die pure Lust am Essen

FINEFOOD.CH

Fine Food – Feines Essen. Die wörtliche Übersetzung bringt es auf den Punkt, denn wer will schon schlecht essen?

Fine Food ist ein internationaler Begriff, ein Signal, das auf der ganzen Welt verstanden wird. Deshalb passt er so gut zur Zeit, so selbstverständlich ins globale Dorf, in dem sich Menschen auf Reisen an Ort und auf virtuellen Bahnen auch kulinarisch umschauen und orientieren. Fine Food Produkte verbinden Menschen, die gerne essen, mit Freude kochen und neugierig Unbekanntes, Überraschendes ausprobieren.

Es muss ja nicht kompliziert sein. Fine Food Produkte zeichnen sich nicht nur durch ausgezeichnete Qualität aus, mit ihnen lässt sich auch entspannt und locker kochen. Die Küche ist der Ort, wo man gerne zusammensitzt, sich unterhält, Erinnerungen an gemeinsame Erlebnisse austauscht, von Reisen berichtet, Pläne schmiedet – da passen Gerüche und Geschmäcke aus fernen und nahen Welten wunderbar dazu. Die Rezepte in diesem Buch sollen nicht nur den Hunger kitzeln, sie sollen auch den Appetit am Kochen selber wecken. Es ist einfacher, als man denkt, und genussreicher, als man sich vorstellen kann.

06 ESSIG & ÖL
- 08 Tomaten-Avocado-Mozzarella-Türmchen
- 10 Tuna Slices auf Salat
- 12 Seehecht an Vinaigrette
- 14 Gebratene Entenlebermedaillons auf Knusperpancake

16 GEWÜRZE
- 18 Lachsfilet Sake no teriyaki
- 20 Vegetable Curry
- 22 Fenchel-Couscous
- 24 Carpaccio vom Kalbsfilet

26 EINGELEGTES
- 28 Gebratene Riesencrevetten
- 30 Frisch gebackenes Oliven-Rosmarin-Brot
- 32 Crostini rosso-bianco
- 34 Dorade «en Papillote»

38 FISCH & MEERESFRÜCHTE
- 40 Avocado-Blini
- 42 Schaumiges Zitronengras-Süppchen
- 44 Kichererbsen-Dal
- 46 Tortilla von Bundzwiebeln

48 FLEISCH
- 50 Shortloin Eye of Irish Lamb
- 52 Tagliata vom Angus-Entrecôte
- 54 Bisonfilet
- 56 Blanc de Poulet jaune

58 TROCKENFLEISCH
- 60 Risotto von der Honigmelone
- 62 Kürbissalat
- 64 Spargeln mit Orangen und Mandeln
- 66 Bresaola delle alpi

INHALTSVERZEICHNIS

70 PASTA
- 72 Tagliarini all'uovo
- 74 Radiatori
- 76 Tagliolini al nero di seppia
- 78 Pappardelle Zigrinate

80 GETREIDE & HÜLSENFRÜCHTE
- 82 Süppchen von Lentilles vertes du Puy
- 84 Gebratene, weisse Polenta
- 86 Curry vom Wolfsbarsch
- 88 Risotto von Carnaroli superfino

90 NÜSSE
- 92 Kartoffelmousseline
- 94 Sellerie-Mezze
- 96 Gemüse-Bulgur
- 98 Kleine Geldbeutel

102 KÄSE
- 104 Mediterraner Brotsalat
- 106 Stilton-Pralinés
- 108 Birnen-Nuss-Salat
- 110 Warme Tartes

112 DESSERTS
- 114 Lavendelhonig-Panna Cotta
- 116 Griessflammeri
- 118 Schoggochino
- 120 Apfeltarte

122 FRIANDISES
- 124 Mini Crème catalane
- 126 Kleiner Lassi von Mango und Passionsfruit Curd
- 128 Soufflierte Küchlein
- 130 Cookies

Die mit einem * gekennzeichneten Zutaten sind im Coop Fine Food Sortiment erhältlich.

ESSIG & ÖL

Was ist eigentlich Essig? Eine saure Flüssigkeit, die Lebensmittel konservieren kann, aber auch der Verfeinerung und der Akzentuierung von Speisen dient. Das französische Wort «vinaigre» erklärt den Inhalt: Essig ist «vin aigre», saurer Wein. Vergisst der Kellermeister, die Gärung der Moste im Auge zu behalten, arbeiten die Bakterien fleissig weiter und verwandeln den durch Fermentation entstandenen Alkohol in Essigsäure. Nun hat der Wein einen Essigstich, er ist als Wein verloren, aber noch lange kein Essig – denn feinen Essig herzustellen, ist eine eigene Kunst.

Öl ist eine chemische Verbindung aus Glyzerin und Fettsäuren, die dank der pflanzlichen Herkunft so viele essenzielle, einfach oder mehrfach ungesättigte Fettsäuren enthält, dass sie bei normaler Temperatur flüssig bleibt – Ausnahmen sind Kokos- und Palmfett. Jede Pflanze enthält Öl – in Kernen, Nüssen, Steinen, Samen, Keimen, Früchten, Blättern oder Schalen – aber nur wenige Pflanzen werden als Ölspender genutzt. Durch besonders delikate Aromen bestechen vor allem Öle aus Oliven, Baumnüssen, Mandeln, Raps, Mohn oder Avocados.

Essig & Öl

TOMATEN-AVOCADO-MOZZARELLA-TÜRMCHEN

... MIT AVOCADO OIL

VORSPEISE FÜR 4 PERSONEN
Vor- und Zubereitungszeit: ca. 30 Min.

Kräuter mischen, auf Tellern verteilen.

Senf mit Limettenschale und -saft, Avocado Oil und Knoblauch zu einer Vinaigrette verrühren, würzen.

Je ein Mini Lingue auf die Teller legen. Tomaten-, Avocado- und Mozzarellascheiben abwechslungsweise auf die Mini Lingue schichten, dabei jede Schicht mit wenig Salz und Pfeffer würzen. Mit Crema di balsamico und Vinaigrette garnieren.

Tipp: Mit schwarzen Oliven, geviertelt garnieren.

INSPIRATION

Dieses cremige, reichhaltige Avocado Öl wird aus der neuseeländischen Sorte Huss gewonnen. Ihre Schale ist runzlig und fast schwarz und der Geschmack ist ausgeprägt nussig. Zudem enthält sie hochwertige Fettsäuren. Das daraus extrahierte, kaltgepresste Öl kann im Gegensatz zu anderen Ölen bis zu 250 Grad erhitzt werden und eignet sich sowohl als Aromaträger wie auch als Öl für die warme Küche.

ZUTATEN

je 2 EL Basilikum, glattblättrige Petersilie
und Zitronenverveine, zerzupft

½ TL grobkörniger Senf
1 Limette, heiss abgespült, trocken getupft, abgeriebene
Schale und Saft
3 EL Fine Food Avocado Oil
1 Knoblauchzehe, gepresst
Fleur de Sel*, nach Bedarf
wenig Pfeffer

4 Mini Lingue*
2 Tomaten (z.B. Peretti), halbiert, in Scheiben
2 Avocados, halbiert, quer in feinen Scheiben
125 g Mozzarella (z.B. Mozzarella di bufala),
in ca. 3 mm dicken Scheiben
¼ TL Fleur de Sel*
wenig Pfeffer
2 EL Crema di balsamico*

Essig & Öl

Tuna Slices auf Salat

...mit Azeite de Oliva virgem extra com Limão

Hauptspeise für 4 Personen
Vor- und Zubereitungszeit: ca. 15 Min.
Marinieren: ca. 30 Min.

Zutaten
3 Limetten, heiss abgespült, trocken getupft, abgeriebene Schale und Saft
2 TL Fischsauce
600 g sehr frischer Thunfisch (Sushi-Qualität)

50 g Jungsalat
50 g Kresse
je 6 EL Koriander und Pfefferminze, fein geschnitten
3 EL Fine Food Azeite de Oliva virgem extra com limao
1 roter Peperoncino, entkernt, fein gehackt
wenig Fleur de Sel*
wenig Pfeffer
1 TL Sojasauce*

½ Limettensaft und Fischsauce in einer Schüssel verrühren, Thunfisch beigeben, darin wenden. Zugedeckt im Kühlschrank ca. 30 Minuten marinieren.

Jungsalat und Kresse mischen, auf Tellern verteilen.

Kräuter auf einen flachen Teller geben, Fisch darin wenden, in dünne Scheiben schneiden, auf Salat anrichten.

Für die Sauce Öl und restlichen Limettensaft mit Perperoncino verrühren, würzen, darüberträufeln. Limettenschale darüberstreuen, Sojasauce darüberträufeln.

Tipp: mit gehackten Wasabi coated peanuts und Chili garnieren.

Inspiration
Die Oliven der Sorte Galega Vulgar, Cordovil und Verdeal werden für dieses Öl in Portugal von bis zu 500 Jahren alten Bäumen gepflückt und erntefrisch von den Blättern getrennt. Zur selben Zeit findet die Zitronenernte statt und alle Produkte werden zusammen in der hofeigenen Mühle verarbeitet. Die zerschlagenen Zitronen werden 1½ Stunden geknetet. Durch dieses Verfahren kann die Olive die gesamte Aromenvielfalt der Zitrone aufnehmen. Der Aufwand lohnt sich. Das Resultat ist ein delikates, frisches Zitronenöl, das sich hervorragend als Aromaträger eignet.

Essig & Öl

SEEHECHT AN VINAIGRETTE

... MIT VINAGRE DE JEREZ MACETILLA «RESERVA»

VORSPEISE FÜR
4 PERSONEN
Vor- und Zubereitungszeit:
ca. 25 Min.

Bouillon und Wein mit Schalotten und Petersilienstielen in einer weiten Pfanne aufkochen, ca. 5 Minuten köcheln. Sud würzen, Hitze reduzieren. Seehecht beigeben, zugedeckt bei kleinster Hitze ca. 5 Minuten ziehen lassen, herausnehmen, abtropfen, warm stellen.

Fischsud auf ca. ½ dl einkochen, durch ein Sieb giessen. Aufgefangenen Sud mit Vinagre de Jerez und Öl verrühren. Tomaten und alle Zutaten bis und mit Kräuter beigeben, Vinaigrette würzen.

Vinaigrette über die warmen Fischtranchen verteilen, lauwarm servieren.

Tipp: Fine Food Croquettes de Nyons AOC oder getoastetes Baguette dazu servieren. Gericht je nach Saison mit Lavendel garnieren.

ZUTATEN
2 dl Fischbouillon*
1 dl Weisswein
2 Schalotten, in feinen Streifen
4 Petersilienstiele
½ TL Salz, wenig Pfeffer
4 Tranchen Seehecht (je ca. 200 g), kalt abgespült

2 EL Fine Food Vinagre de Jerez Macetilla «Reserva»
1 EL Olivenöl*
75 g rote Cherrytomaten, in Vierteln
75 g gelbe Cherryomaten, in Vierteln
12 schwarze Oliven, entsteint, in Vierteln
½ Knoblauchzehe, gepresst
2 EL Kapern, abgespült, abgetropft
je 2 EL glattblättrige Petersilie und Basilikum,
fein geschnitten
Fleur de Sel*, nach Bedarf
wenig Pfeffer aus der Mühle

Essig & Öl

Gebratene Entenlebermedaillons auf Knusperpancake

... MIT CREMA DI BALSAMICO AL LAMPONE

VORSPEISE FÜR
4 PERSONEN
Vor- und Zubereitungszeit:
ca. 30 Min.

Mehl, Nüsse, Salz und Backpulver mischen. Ei trennen, Eigelb mit Crème fraîche gut unter die Mehlmischung rühren. Eiweiss mit dem Salz steif schlagen, sorgfältig darunterziehen. Butter in einer beschichteten Bratpfanne heiss werden lassen. Teig in 4 Portionen beigeben, sodass 4 Pancakes von je ca. 6 cm Ø entstehen, bei mittlerer Hitze beidseitig je ca. 2 Minuten backen, zugedeckt warm stellen.

Bratbutter in derselben Pfanne heiss werden lassen, Entenleber würzen, beidseitig je ca. 3 Minuten braten, mit Ahornsirup bestreichen, warm stellen.

Bratfett auftupfen. Butter in derselben Pfanne erwärmen, Nektarinenscheiben ca. 3 Minuten dämpfen.

Pancakes auf Tellern verteilen, Entenleber darauf anrichten, Nektarinenschnitze daneben anrichten, mit Crema di balsamico garnieren.

Tipp: Gehackte, geröstete Macadamia-Nüsse darüberstreuen.

INSPIRATION
Diese Essigspezialität basiert auf der Vermischung von traditionellem Aceto balsamico mit frischem Himbeersaft. Beides zusammen wird über längere Zeit bei geringer Hitze sorgfältig reduziert. Das Resultat ist eine Crema mit typisch delikatem Himbeeraroma und einer leichten Säure. Ein ideales Produkt, um einen fruchtig-säuerlichen Aspekt in Vorspeisenkreationen herauszustreichen.

ZUTATEN
50 g Weissmehl
20 g Macadamia-Nüsse, grob gehackt, geröstet
2 Prisen Salz
¾ TL Backpulver
1 frisches Ei
80 g Crème fraîche
1 Prise Salz
Bratbutter zum Backen

Bratbutter zum Braten
4 Entenlebermedaillons (je ca. 80 g)
¼ TL Salz, wenig Pfeffer
2 EL Ahornsirup
½ EL Butter
1 Nektarine, geviertelt, in feinen Scheiben

wenig Fine Food Crema di balsamico al lampone

GEWÜRZE

Frisch oder getrocknet, roh oder fermentiert, Pulver, Saft oder Paste – das Spektrum der Mittel, Speisen geschmacklich zu veredeln, ist unendlich. Es beginnt mit einer Notwendigkeit, dem Salz. Ohne Salz kein Leben; ausserdem verleihen Mineralien dem Essen die ersten Konturen.

Gewürze sind ganze Pflanzen oder Bestandteile wie Samen, Blätter oder Wurzeln, die kräftige Essenzen und ätherische Öle mit charakteristischen Aromen enthalten. Die meisten dieser Essenzen dienen der Pflanze als Lockstoff, um die Reproduktion in Gang zu bringen, sowie der Abwehr von Feinden: Kein Affe beisst ein zweites Mal in eine Chilischote. Nicht jede Pflanze gedeiht überall, deshalb haben sich in den Weltregionen je nach Topografie und Klima dank spezifischen Gewürzen unterschiedliche kulinarische Vorlieben entwickelt – wie Curry in Indien, Chili con Carne in Lateinamerika, Flüssigwürzen aus fermentierten Sojabohnen im Fernen Osten. Gewürze sind auch der Grund, warum Kolumbus und andere Verwegene in See gestochen sind. Auf der Suche nach alternativen Wegen zu den Gewürzländern haben sie den Kolonialismus initiiert.

Gewürze

Lachsfilet Sake no teriyaki

... mit Marushima Shoyu

Für 4 Personen
Vor- und Zubereitungszeit: ca. 20 Min.
Garen im Ofen: ca. 10 Min.

Lachs salzen, zugedeckt kühl stellen. Sojasauce und alle Zutaten bis und mit Ingwer zusammen aufkochen, auf die Hälfte einkochen. Lachs mit der Hautseite nach unten auf ein mit Backpapier belegtes Blech legen, mit der Sauce bestreichen.

Garen: ca. 10 Minuten in der Mitte des auf 200 Grad vorgeheizten Ofens, dabei Lachs dreimal mit der Sauce bestreichen.

Lachs auf Tellern anrichten, mit restlicher Sauce beträufeln. Jungsalat und Sprossen mit japanischem Dressing mischen, dazu servieren.

Zutaten
4 Tranchen Lachsfilet mit der Haut (je ca. 150 g), ohne Gräten
½ TL Salz
½ dl Fine Food Marushima Shoyu
½ dl Sake (Reiswein)
½ dl Mirin (süsser Reiswein)
1½ EL Palmzucker
½ cm Ingwer, fein gerieben

50 g Jungsalat
25 g Rettichsprossen
1 dl japanisches Dressing
(z.B. Fine Food Black Sesame Wasabi Dressing)

Inspiration
Diese hochwertige Sauce wird auf der japanischen Insel Shodishima hergestellt. Aus Sojabohnen, Weizenschrot, Wasser, Meersalz und dem Ferment Koji wird eine Grundmasse angesetzt. Während der anschliessenden, einjährigen Reifung in Zedernholzfässern findet die geschmacksprägende Enzymreaktion statt. Zur Vollendung ruht die Sauce ein weiteres Jahr und entfaltet so ihren nussigen, edlen Geschmack.

Gewürze

VEGETABLE CURRY

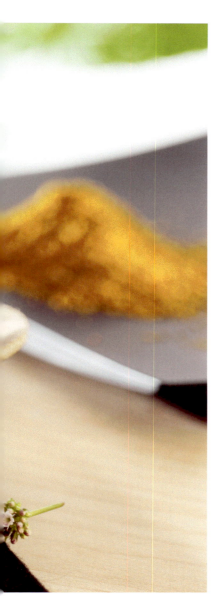

HAUPTSPEISE FÜR 4 PERSONEN
Vor- und Zubereitungszeit: ca. 50 Min.

... NACH ART VON DELHI

Öl in einer weiten Pfanne warm werden lassen, Zwiebeln und Kartoffeln andämpfen. Rüebli, Stangensellerie und Zucchini ca. 2 Minuten mitdämpfen. Curry beigeben, kurz weiterdämpfen. Kokosmilch und Wasser dazugiessen, Zitronengras beigeben, aufkochen, Hitze reduzieren, zugedeckt bei mittlerer Hitze ca. 20 Minuten köcheln. Tomaten, Ingwer und Knoblauch beigeben, ca. 5 Minuten weiterköcheln, Zitronengras entfernen, Curry salzen.

Pfefferminze und Koriander kurz vor dem Servieren darüberstreuen.

INSPIRATION

Currys stammen ursprünglich aus Indien und unterscheiden sich regional in Zubereitung und Rezepturen. Grundlage für jedes Curry ist eine komplexe Gewürzmischung. Im vorliegenden Fall besteht die Mischung aus den klassischen Zutaten Kurkuma, Koriander, Kreuzkümmel und Bockshornklee. In der Nase besticht sie durch eine milde, süssliche Note und im Abgang überraschen erdige Anklänge. Die typische, leuchtend gelbe Farbe, die vorwiegend auf dem hohen Anteil an Kurkuma basiert, trägt zur optischen Vollendung der Currygerichte bei.

ZUTATEN

1 EL Erdnussöl
2 Zwiebeln, halbiert, in Streifen
200 g fest kochende Kartoffeln, in Würfeli
200 g Rüebli, in feinen Streifen
200 g Stangensellerie, schräg in Streifen geschnitten
200 g Zucchini, längs halbiert, quer in ca. 1 cm dicken Scheiben
3 EL Fine Food Delhi Curry
4 dl Kokosmilch
2 dl Wasser
2 Stängel Zitronengras, gequetscht
200 g rote Datteri-Tomaten (Peretti-Cherry), geviertelt
2 cm Ingwer, fein gehackt
2 Knoblauchzehen, gepresst
1½ TL Salz
je 2 EL Pfefferminze und Koriander, fein geschnitten

Gewürze

FENCHEL-COUSCOUS

... MIT ZA'ATAR-GEWÜRZ UND POULETBRUST

HAUPTSPEISE FÜR 4 PERSONEN
Vor- und Zubereitungszeit: ca. 30 Min.

Öl in einer beschichteten Bratpfanne heiss werden lassen, Knoblauch goldbraun braten. Hitze reduzieren, Fenchel beigeben, ca. 2 Minuten andämpfen. Pfanne von der Platte nehmen. Couscous, Harissa, Bouillon und Orangensaft beigeben, zugedeckt ca. 8 Minuten quellen lassen. Olivenöl und Za'atar beigeben, gut mischen, würzen.

Öl in einer beschichteten Bratpfanne heiss werden lassen, Hitze reduzieren. Pouletbrüstli würzen, beidseitig je ca. 4 Minuten braten. Sesam in einen flachen Teller geben. Pouletbrüstli mit Honig bestreichen, im Sesam wenden.

Servieren: Couscous mit Orangenschalenstreifen und Fenchelkraut garnieren, Pouletbrüstli in feine Tranchen schneiden, darauf anrichten.

Hinweis: Harissa ist eine scharfe nordafrikanische Würzpaste. Sie besteht hauptsächlich aus Chili, Knoblauch und Gewürzen.

ZUTATEN
2 EL Erdnussöl
2 Knoblauchzehen, in feinen Scheiben
2 Fenchel mit dem Kraut, Kraut beiseite gestellt, Fenchel längs geviertelt, in sehr feinen Streifen
100 g Couscous
1 TL Harissa (siehe Hinweis)
2 dl Gemüsebouillon*, siedend
2 Bio-Orangen, wenig dünn abgeschälte Schale, in feinen Streifen, beiseite gestellt, ganzer Saft
½ dl Olivenöl*
4 EL Fine Food Za'atar
Salz, nach Bedarf

1 EL Erdnussöl
4 Pouletbrüstli (je ca. 120 g)
½ TL Salz, wenig Pfeffer
2 EL Sesam, geröstet
2 EL Orangenblütenhonig*

Gewürze

Carpaccio vom Kalbsfilet

... mit Olives noires de Nyons AOC

Hauptspeise für
4 Personen
Vor- und Zubereitungszeit:
ca. 35 Min.
Aufgehen lassen: ca. 1 Std.
Backen: ca. 25 Min.

Mehl und Salz in einer Schüssel mischen, eine Mulde formen. Hefe, Wasser und Öl beigeben, mischen, zu einem weichen, glatten Teig kneten. Zugedeckt bei Raumtemperatur ca. 1 Stunde aufs Doppelte aufgehen lassen. Aus dem Teig handgrosse Kugeln formen, von Hand zu einer Dicke von ca. 2 cm flachdrücken, auf ein mit Backpapier belegtes Blech legen. Mit Öl bestreichen, Rosensalz und Rosmarin darüberstreuen.

Backen: ca. 25 Minuten in der Mitte des auf 220 Grad vorgeheizten Ofens. Herausnehmen, etwas abkühlen, Focaccia auf einem Gitter auskühlen.

Rucola und Tomaten mit Öl mischen, würzen. Senf auf die Focaccia streichen, Rucola und Tomaten darauf verteilen. Carpaccio darauf anrichten, Rose Salt und Pfeffer darübermahlen, Öl darüberträufeln, mit Orangenschale garnieren. Sofort servieren.

Inspiration
Das kostbare Himalayasalz wird in der «Salt Range» der Provinz Punjab aus dem Berg gebrochen. Anschliessend wird es mit der ursprünglich aus Kleinasien stammenden Duftrose Damascena vermischt. Die Rosen für die vorliegende Mischung stammen aus Indien. In der ayurvedischen Lehre steht die Rose für die Öffnung von Herz und Geist. In der westlichen Küche setzt das Rosensalz insbesondere im Vorspeisenbereich florale, aromatische Akzente.

Zutaten
250 g Mehl
¾ TL Salz
¼ Würfel Hefe, zerbröckelt
1½ dl lauwarmes Wasser
1½ EL Olivenöl*
wenig Olivenöl zum Bestreichen
wenig Fine Food Rose Salt
¼ Bund Rosmarin, fein geschnitten

100 g Rucola
2 Tomaten, in Würfeli
1 EL Olivenöl*
Fine Food Rose Salt, nach Bedarf
wenig Pfeffer aus der Mühle
4 EL Orangensenf
(z.B. Fine Food Moutarde à l'orange)
200 g Kalbsfilet-Carpaccio
(beim Metzger vorbestellt)
wenig Fine Food Rose Salt
wenig Pfeffer aus der Mühle
1 EL Olivenöl*
1 Bio-Orange, abgeriebene Schale

Gewürze

Carpaccio vom Kalbsfilet

...mit Olives noires de Nyons AOC

Hauptspeise für 4 Personen
Vor- und Zubereitungszeit: ca. 35 Min.
Aufgehen lassen: ca. 1 Std.
Backen: ca. 25 Min.

Mehl und Salz in einer Schüssel mischen, eine Mulde formen. Hefe, Wasser und Öl beigeben, mischen, zu einem weichen, glatten Teig kneten. Zugedeckt bei Raumtemperatur ca. 1 Stunde aufs Doppelte aufgehen lassen. Aus dem Teig handgrosse Kugeln formen, von Hand zu einer Dicke von ca. 2 cm flachdrücken, auf ein mit Backpapier belegtes Blech legen. Mit Öl bestreichen, Rosensalz und Rosmarin darüberstreuen.

Backen: ca. 25 Minuten in der Mitte des auf 220 Grad vorgeheizten Ofens. Herausnehmen, etwas abkühlen, Focaccia auf einem Gitter auskühlen.

Rucola und Tomaten mit Öl mischen, würzen. Senf auf die Focaccia streichen, Rucola und Tomaten darauf verteilen. Carpaccio darauf anrichten, Rose Salt und Pfeffer darübermahlen, Öl darüberträufeln, mit Orangenschale garnieren. Sofort servieren.

Inspiration
Das kostbare Himalayasalz wird in der «Salt Range» der Provinz Punjab aus dem Berg gebrochen. Anschliessend wird es mit der ursprünglich aus Kleinasien stammenden Duftrose Damascena vermischt. Die Rosen für die vorliegende Mischung stammen aus Indien. In der ayurvedischen Lehre steht die Rose für die Öffnung von Herz und Geist. In der westlichen Küche setzt das Rosensalz insbesondere im Vorspeisenbereich florale, aromatische Akzente.

Zutaten
250 g Mehl
¾ TL Salz
¼ Würfel Hefe, zerbröckelt
1½ dl lauwarmes Wasser
1½ EL Olivenöl*
wenig Olivenöl zum Bestreichen
wenig Fine Food Rose Salt
¼ Bund Rosmarin, fein geschnitten

100 g Rucola
2 Tomaten, in Würfeli
1 EL Olivenöl*
Fine Food Rose Salt, nach Bedarf
wenig Pfeffer aus der Mühle
4 EL Orangensenf
(z.B. Fine Food Moutarde à l'orange)
200 g Kalbsfilet-Carpaccio
(beim Metzger vorbestellt)
wenig Fine Food Rose Salt
wenig Pfeffer aus der Mühle
1 EL Olivenöl*
1 Bio-Orange, abgeriebene Schale

EINGELEGTES

Die Entdeckung des Menschen, dass er Nahrung nicht nur roh zu sich nehmen kann, sondern auch gekocht, ist der Ursprung seiner Zivilisierung, der Anfang des Ackerbaus und der Tierhaltung – und das Ende seines Nomadenlebens als Jäger und Sammler. Er verlor seine Freiheit, gewann dafür aber Sicherheit, denn mit der Sesshaftigkeit bot sich die Möglichkeit der Kontrolle seiner Ernährung. Man bestimmte den Anbau und war bald in der Lage, Vorräte anzuhäufen. Um die Vorräte nutzen zu können, durften sie allerdings nicht verderben. Mit viel Einfallsreichtum und den Zufällen des Lebens lernte der Mensch, seine Lebensmittel vor dem Verderben zu schützen.

Zu den frühesten Konservierungsmethoden gehört das Entziehen von Wasser durch Trocknen und Einsalzen. Die Verarbeitung zu Pasten und das Einkochen ganzer Früchte sind weitere Methoden, frische Ware vor dem Gären zu retten. Kapern braucht man nur kurz zu blanchieren, dann kann man sie in sterilisierten Gläsern im Kochwasser aufbewahren. Auch in Öl und Essig lässt sich vieles aufbewahren, Pilze zum Beispiel; mit Fett verschliesst man Terrinen, und in Alkohol halten sich Früchte besonders gut.

Eingelegtes

GEBRATENE RIESENCREVETTEN

...AUF ASIATISCHEM AGRUMENSALAT
AN LONGAN-VINAIGRETTE

HAUPTGERICHT FÜR 4 PERSONEN
Vor- und Zubereitungszeit:
ca. 45 Min.
Ziehen lassen: ca. 1 Std.

Von der Pomelo, Orange und Mandarinen je Boden und Deckel, dann Schale ringsum bis auf das Fruchtfleisch wegschneiden. Fruchtfilets (Schnitze) mit einem scharfen Messer zwischen den Häutchen herauslösen, Filets in einer Schüssel mischen.

Limettenschale und alle Zutaten bis und mit Schalotte mischen, mit den Fruchtfilets mischen. Zugedeckt im Kühlschrank ca. 1 Stunde ziehen lassen. Kokosraspel daruntermischen.

Crevetten würzen. Öl in einer Bratpfanne heiss werden lassen, Crevetten bei mittlerer Hitze beidseitig je ca. 3 Minuten braten, Sesam darüberstreuen.

Agrumensalat auf Tellern anrichten, Crevetten darauflegen, mit Koriander garnieren.

Tipp: Mit Fine Food Taru Yaki Rice Crackers servieren.

ZUTATEN
1 grosse Pomelo
1 Orange
2 Mandarinen, je nach Saison
durch 1 Orange ersetzt

1 Limette, heiss abgespült, trocken getupft,
abgeriebene Schale und Saft
2 EL Sojasauce*
2 EL flüssiger Honig
1 grosse Knoblauchzehe, gepresst
30 g getrocknete Fine Food Longan, grob gehackt
1 TL Zucker
1 roter Chili, in feinen Ringen, entkernt
2 Bundzwiebeln, in feinen Ringen
½ Schalotte, in feinen Ringen
3 EL Kokosraspel, geröstet

8 rohe, bis auf das Schwanzende geschälte
Riesencrevettenschwänze, ca. 2 cm tief eingeschnitten
¼ TL Salz, wenig Pfeffer
Öl zum Braten
1 EL schwarzer Sesam

¼ Bund Koriander

Eingelegtes

FRISCH GEBACKENES OLIVEN-ROSMARIN-BROT

... MIT OLIVES NOIRES DE NYON AOC

Mehl mit Backpulver, Hefe und Salz in einer Schüssel mischen. Eier, Öl und Wein gut verrühren, dazugiessen, mischen. Oliven und Rosmarin beigeben, alles zu einem weichen, glatten Teig kneten. Zugedeckt bei Raumtemperatur ca. 30 Minuten aufs Doppelte aufgehen lassen.

Aus dem Teig 16 Kugeln formen, je 2 Kugeln in eine kleine Cakeform drücken. Nochmals zugedeckt bei Raumtemperatur ca. 15 Minuten aufgehen lassen. Brote mit Olivenöl bestreichen.

Backen: ca. 40 Minuten in der Mitte des auf 190 Grad vorgeheizten Ofens.

Tipp: wenig Meersalz und Parmesan vor dem Backen über die Brote streuen.

ERGIBT 8 KLEINE CAKES
Vor- und Zubereitungszeit: ca. 15 Min.
Aufgehen lassen: ca. 45 Min.
Backen: ca. 40 Min.
Für 8 kleine Einweg-Cakeformen oder Mini-Cakeformen von je ca. 10 cm, mit Öl bestrichen

ZUTATEN
500 g Mehl
1 TL Backpulver
25 g Hefe, zerbröckelt
1½ TL Salz
4 Eier, verklopft
1 dl Olivenöl*
1 dl Weisswein
40 g Fine Food Olives Noires de Nyons AOC, entsteint, grob gehackt
½ Bund Rosmarin, grob gehackt
2 EL Olivenöl*

INSPIRATION
Die Olives Noires de Nyons AOC aus der Olivensorte «Tranche» profitiert von der provenzalischen Sonne und dem strengen Winter der Voralpen. Sie wird erst im Dezember geerntet, wenn sie von den ersten Frösten zu schrumpeln beginnt. Die Olive «Tranche» war im Jahr 1994 die erste, französische Olive, die mit der Appellation d'Origine Contrôlée ausgezeichnet wurde.

Eingelegtes

CROSTINI ROSSO-BIANCO

... MIT POMODORI PERINOS DELLA PUGLIA

APÉRO FÜR 4 PERSONEN
Vor- und Zubereitungszeit: ca. 15 Min.
Backen: ca. 9 Min.

Baguette schräg in ca. 20 Scheiben schneiden, auf ein mit Backpapier belegtes Blech legen, mit Öl bepinseln.

Ricotta mit Zitronenschale mischen, würzen. Masse auf die Brotscheiben verteilen, glattstreichen, Öl darüberträufeln. Oregano und Chili darüberstreuen.

Backen: ca. 9 Minuten in der oberen Hälfte des auf 220 Grad vorgeheizten Ofens. Herausnehmen, etwas abkühlen, auf einem Gitter auskühlen.

Pomodori Perino auf den Crostini verteilen, mit Oregano garnieren.

Tipp: wenig schwarzen Pfeffer darübermahlen.

ZUTATEN
1 Baguette (ca. 125 g)
5 EL Öl von den Fine Food Pomodori Perino della Puglia
250 g Ricotta
1 Bio-Zitrone, wenig abgeriebene Schale
Salz, Pfeffer, nach Bedarf
1 EL Öl von den Fine Food Pomodori Perino della Puglia
¼ Bund Oregano, fein geschnitten
½ TL getrockneter roter Chili oder Fine Food Chili Mix

180 g Fine Food Pomodori Perino della Puglia
¼ Bund Oregano

INSPIRATION
Die aus der fruchtbaren Küstenregion Apuliens stammenden Pomodori Perinos sind das Ergebnis einer langen Suche nach den besten Eigenschaften, die eine Tomate haben kann. Die sonnengereiften, erntefrischen Früchte werden von Hand geschält, für mehrere Stunden bei niedriger Temperatur im Ofen getrocknet und dann in Olivenöl extra vergine mit würzigen, mediterranen Kräutern eingelegt. Dieses Produkt zaubert einen Hauch von Sommer als Antipasti Highlight auf jede festliche Tafel.

Eingelegtes

Dorade «en Papillote»

... mit Capperi di Pantelleria

Artischockenherzen mit allen Zutaten bis und mit Öl mischen, salzen. Je ¼ Gemüse auf die Mitte der Backpapiere geben. Fischfilets würzen, auf das Gemüse legen. Kapern, beiseite gestelltes Fenchelkraut und Kräuter darauf verteilen. Backpapier zu Päckli formen, seitliche Enden mit Küchenschnur verschliessen, auf ein Blech legen. Garen: ca. 22 Minuten in der Mitte des auf 200 Grad vorgeheizten Ofens.

Hauptspeise für 4 Personen
Vor- und Zubereitungszeit: ca. 25 Min.
Garen im Ofen: ca. 22 Min.

Zutaten
110 g Artischockenherzen*, abgetropft, halbiert
350 g Fenchel mit dem Kraut, Kraut grob geschnitten, beiseite gestellt, Fenchel halbiert, fein gehobelt
1 Zwiebel, in feinen Streifen
1 Bio-Zitrone, abgeriebene Schale und Saft
2 EL Aceto balsamico*
4 EL Olivenöl mit Zitrone*
1 TL Salz
4 Backpapiere (je ca. 32 x 38 cm)
4 Goldbrassenfilets (Dorade royale, je ca. 150 g), ohne Gräten
½ TL Salz, wenig Pfeffer
2 EL Fine Food Capperi di Pantelleria, kalt abgespült, ca. 30 Min. in kaltem Wasser eingelegt, abgetropft
je 1 TL Zitronenthymian, Salbei und Majoran, fein geschnitten

Inspiration
Die viertgrösste Insel Italiens liegt zwischen Sizilien und Tunesien und heisst Pantelleria. Dort wachsen viele Kapernpflanzen begünstigt durch das heisse, trockene Klima. Zwischen Mai bis August werden alle 8 bis 10 Tage die ungeöffneten Blütenknospen geerntet, im Salzbad mit reichlich Meersalz eingelegt und so konserviert. Durch den authentische Eigengeschmack in Verbindung mit dem herben Salz eignen sich die Capperi di Pantelleria hervorragend als Aromaträger zu Meerfischen.

FINE FOOD INSPIRATION

FISCH & MEERESFRÜCHTE

Die Welt der Ozeane und der Meere wird erforscht, seit der Mensch erstmals Wasser berührt hat. Seefahrer sind auf unbekannte Länder gestossen, haben Wege und Klingen gekreuzt und kartiert, was es zu kartieren gab. Heute ist jede Insel entdeckt, Satelliten zeichnen alles auf, was sich unten bewegt, vom Sardinenschwarm auf offener See bis zum Liebespaar am Strand. Geheimnisse lassen sich kaum noch finden – ausser in der Tiefe.

Auch dort hat die Natur reich angerichtet. Doch es besteht die Gefahr, dass der Reichtum durch Übernutzung verschwindet, bevor man ihn überhaupt richtig kennt. Deshalb ist es von höchster Bedeutung, die Früchte der Meere mit Bedacht und Respekt zu nutzen. Exklusiv bedeutet aussergewöhnlich, aber auch ausnahmsweise. Exklusiv ist das, was nicht alltäglich ist, was man sich nur in Ausnahmefällen leistet – nicht, weil es teuer wäre, sondern weil es gefährdet ist durch Übernutzung: wundervolle Genüsse, die dem Stör zu verdanken sind, der Jakobsmuschel, der Auster, dem Lachs. Und vielen andern Lebewesen auch, die auf saubere Gewässer angewiesen sind und die nur einen behutsamen Fangdruck ertragen.

Fisch & Meeresfrüchte

Avocado-Blini

...mit Sauerrahm und Caviar vom weissen Stör

Vorspeise für 4 Personen
Vor- und Zubereitungszeit: ca. 30 Min.
Aufgehen lassen: ca. 30 Min.

Zutaten
4 EL Weissmehl
¼ TL Salz
1 TL Trockenhefe
½ Avocado
½ dl Milch
½ EL Crème fraîche
25 g Butter, flüssig, etwas abgekühlt
1 Eiweiss, steif geschlagen

2½ EL Crème fraîche
½ TL Dijonsenf
wenig Salz, Pfeffer

80 g Avocado, in Würfeli
50 g Tomate, in Würfeli
1 TL Zitronensaft
wenig Salz, Pfeffer

1 EL Sonnenblumenöl
1 Dose Fine Food Caviar vom weissen Stör (20 g)

Mehl, Salz und Trockenhefe in einer Schüssel mischen. Avocado mit Milch und Crème fraîche fein pürieren, darunterrühren, zugedeckt bei Raumtemperatur ca. 30 Minuten aufgehen lassen. Butter und Eiweiss sorgfältig darunterziehen.

Für die Senfsauce Crème fraîche und Senf verrühren, würzen.

Für das Tatar Avocado und Tomate mit Zitronensaft mischen, würzen.

Öl in einer beschichteten Bratpfanne heiss werden lassen, Hitze reduzieren. Pro Blini je ca. 1 EL Teig in die Pfanne geben, zu Plätzchen von ca. 2 cm Durchmesser formen. Blini beidseitig je ca. 1 Minuten backen, warm stellen. Blini auf Teller verteilen, mit Tatar belegen, mit Caviar und Dill garnieren, Senfsauce dazu servieren.

Tipp: Mit Fine Food Blue persian salt garnieren.

Inspiration
Diese Delikatesse stammt aus einer der wenigen Aquakulturen für den weissen Stör in Europa, welche sich in Italien befindet. In Naturteichen mit Quellwasserzufluss werden die Fische aufgezogen. Der Kaviar wird behutsam gewonnen und veredelt. Dies bedeutet, dass er zuerst gewaschen, dann nach Grösse sortiert und zum Schluss gesalzen wird. Nur so kann die Haltbarkeit garantiert werden. Die edle Delikatesse ist eine wahre Bereicherung eines festlichen Cocktails.

Fisch & Meeresfrüchte

SCHAUMIGES ZITRONENGRAS-SÜPPCHEN

... MIT AUSTERN

Butter in einer weiten Pfanne warm werden lassen, Sellerie und Rüebli mit Zitronengras und Kaffirlimetten-Blätter andämpfen. Bouillon, Kokosmilch und Currypaste beigeben, aufkochen, bei kleiner Hitze ca. 30 Minuten köcheln. Zitronengras und Kaffirlimetten-Blätter entfernen.

Ingwer und Apfel beigeben, Suppe pürieren, würzen. Butter nach und nach beigeben, dabei Suppe mit dem Pürierstab aufschäumen.

Austern öffnen und auslösen, dazu Austern einzeln mit der flachen Seite nach oben auf ein Tuch, anschliessend auf ein Schneidebrett legen und mit dem Tuch zudecken.

Auster festhalten, mit der Spitze des Austernmessers in die kleine Öffnung im Gelenk der Auster fahren, obere Schale mit einer scharf drehenden Bewegung öffnen. Die geschlossene Auster muss beim Öffnen deutlich spürbar Widerstand leisten, sonst ist sie ungeniessbar. Mit dem Messer rundherum fahren und die obere Austernschale anheben.

Austern auslösen, in vorgewärmte Suppentassen legen, Suppe dazugiessen, mit Koriander garnieren.

VORSPEISE FÜR 4 PERSONEN
Vor- und Zubereitungszeit: ca. 30 Min.

ZUTATEN
1 EL Butter
25 g Sellerie, in Würfeli
25 g Rüebli, in Würfeli
4 Stängel Zitronengras, gequetscht
4 Kaffirlimetten-Blätter, gequetscht
6 dl Fischbouillon*
4 dl Kokosmilch
1 TL rote Currypaste
2 cm Ingwer, fein gerieben
1 Apfel (z.B. Golden Delicious), in Stücken
¼ TL Salz, wenig Pfeffer
30 g Butter, in Stücken, kalt

8 Fine Food Huîtres Marennes Oléron
1 TL Korianderblättchen

Fisch & Meeresfrüchte

KICHERERBSEN-DAL

… MIT SCOTTISH SCALLOPS PEAT SMOKED UND JOGHURT-ESPUMA

ZUTATEN
80 g Kichererbsen

½ dl Erdnussöl
1 TL Senfkörner
1 TL Koriandersamen
1 Zwiebel, fein gehackt
2 Knoblauchzehen, fein gehackt
50 g Rüebli, in sehr feinen Würfeli
½ EL Tomatenpüree
1 dl Geflügelfond
1 dl Kokosmilch
1 EL Sri Lanka Curry*
2 EL Erdnüsse, geröstet
1 roter Chili, in Ringen, entkernt
4 Curry-Blätter
2 cm Ingwer, fein gerieben
1 Tomaten, in Würfeli
1 Limette, heiss abgespült, trocken getupft, abgeriebene Schale und Saft
¼ TL Salz, wenig Pfeffer
½ Bund Koriander, fein geschnitten

2 Blätter Gelatine, ca. 5 Min. in kaltem Wasser eingelegt, abgetropft
2 EL Wasser, siedend
180 g Joghurt nature
Salz und Pfeffer, nach Bedarf

150 g Fine Food Scottish Scallops Peat Smoked

Kichererbsen in eine Schüssel geben, mit Wasser bedecken, ca. 12 Stunden einweichen, abtropfen.

Öl warm werden lassen, Senfkörner und Koriandersamen andämpfen, Zwiebel und Knoblauch ca. 2 Minuten mitdämpfen. Rüebli beigeben, ca. 2 Minuten weiterdämpfen. Kichererbsen und Tomatenpüree beigeben, ca. 2 Minuten weiterdämpfen. Geflügelfond und Kokosmilch dazugiessen, aufkochen, Hitze reduzieren.

Curry und alle Zutaten bis und mit Ingwer beigeben, bei kleiner Hitze ca. 50 Minuten köcheln, bis die Kichererbsen weich sind. Tomatenwürfeli, Limettensaft und -schale beigeben, Dal würzen. Koriander darüberstreuen.

Für die Espuma Gelatine mit dem Wasser auflösen, mit 3 EL Joghurt verrühren, sofort gut unter den restlichen Joghurt rühren, würzen. Masse in den Rahmbläser füllen, ca. 3 Stunden kühl stellen. 2 Patronen in den Bläser spritzen, kräftig schütteln.

Kichererbsen-Dal in vorgewärmte Gläser anrichten, Scottish Scallops Peat Smoked darauflegen, mit Joghurt-Espuma garnieren.

VORSPEISE FÜR 4 PERSONEN
Vor- und Zubereitungszeit: ca. 1¼ Std.
Einweichen: ca. 12 Std. (über Nacht)
Kühl stellen: ca. 3 Std.

INSPIRATION
Von den Äusseren Hebriden vor Schottlands Nordküste stammt diese Spezialität. Die klaren, kühlen Gewässer um die Inseln sind reich an Jakobsmuscheln. Gefischt werden sie mit Boten, die seit je in Familienbesitz sind. Im Hafen wird das Fleisch sofort von Hand aus der Schale gelöst, gereinigt, in eine Lake aus reinem Meersalz eingelegt und anschliessend sorgfältig über Torf kalt geräuchert. Das Räuchern verstärkt den leicht süsslichen Geschmack der Jakobsmuscheln. Der Torf, der sich über tausende von Jahren aus Gräsern und Heidekraut gebildet hat, stammt von örtlichen Mooren. Nach dem Räuchern werden die Muscheln in dünne Scheiben geschnitten. Die Saftigkeit, die zarte Konsistenz sowie die Rauchnote zeichnen die Jakobsmuscheln aus und machen sie zu einem Genuss ohnegleichen.

Fisch & Meeresfrüchte

Tortilla von Bundzwiebeln

... mit Canada Wild Salmon

Vorspeise für 4 Personen
Vor- und Zubereitungszeit: ca. 35 Min.

Zutaten
½ Scheibe Toastbrot, Rinde entfernt, in Würfeli
½ dl Mineralwasser mit Kohlensäure
30 g geschälte gemahlene Mandeln
1 Knoblauchzehe
1½ EL Olivenöl*
½ EL Sherry-Essig
Salz, nach Bedarf

4 Eier, verklopft
200 g Kartoffeln, festkochende Sorte, in Würfeli, gekocht
3 Bundzwiebeln, in feinen Ringen
1 Knoblauchzehe, fein gehackt
¼ TL Salz, wenig Pfeffer

220 g Fine Food Canada Wild Salmon
4 EL Crème fraîche
2 EL Lachskaviar (z.B. Fine Food Wild Salmon Roe)

Toast in ein hohes Gefäss geben, Mineralwasser dazugiessen, ca. 15 Minuten einweichen. Mandeln und Knoblauch beigeben, fein pürieren. Öl und Essig unter ständigem Rühren nach und nach beigeben, Ajo blanco würzen.

Eier mit allen Zutaten bis und mit Pfeffer in einer Schüssel gut verrühren. Öl in einer beschichteten Bratpanne heiss werden lassen. Eimasse in die Pfanne giessen, zugedeckt bei kleiner Hitze ca. 15 Minuten fest, aber nicht trocken werden lassen. Ein Brett auf die Pfanne legen, Tortilla auf das Brett stürzen, 4 Kreise von je ca. 8 cm Durchmesser ausstechen.

Servieren: Ausgestochene Tortillakreise auf Tellern anrichten, zuerst Lachs, dann Crème fraîche und Kaviar darauf anrichten. Ajo blanco daneben verteilen.

Inspiration
Dieser delikate Pazifische Wildlachs lebt in den Küstengewässern des Eismeeres des Nordpazifiks. Als Wanderfisch legt er grosse Strecken zurück und kann bis zu 1 Meter lang und 6 kg schwer werden. In einer der ältesten Lachsräuchereien der Schweiz werden die Fische im traditionellen Holzofen auf Buchen- und Eichenholz geräuchert. Der Canada Wild Salmon zeichnet sich durch eine feine Textur und höchste Qualität aus.

FLEISCH

Eine fernöstliche Legende erzählt, wie der Mensch den Braten entdeckt hat. Eine Bauernfamilie hielt Schweine und verzehrte sie roh. Eines Tages brannte der Schweinestall ab. Nachdem sich Rauch und Entsetzen etwas gelegt hatten, nahm der Bauer einen wundervollen Geruch wahr. Er schnupperte der olfaktorischen Spur nach und fand ein dampfendes, totes Schwein. Es war ganz braun. Neugierig strich der Bauer mit dem Finger über die Haut des Tieres, roch daran und steckte den Finger in den Mund. Der Geschmack war grossartig. Fortan setzte der Bauer den Schweinestall in Brand, sobald seine Schweine gross und feist geworden waren.

Die Methoden, aus rohem Fleisch einen schmackhaften Braten zuzubereiten, ein Steak oder ein Gericht mit Saucen, sind seither verfeinert worden. Auch hat man wieder zurückgefunden zum rohen Fleisch – aber nur deshalb, weil man es als Delikatesse zu behandeln versteht. Denn Fleisch ist geballte Energie, und diese Kraft entwickelt sich nur dann zu einem Gewinn, wenn das Tier artgerecht gehalten wird. Gutes Futter und eine respektvolle Behandlung belohnen den Bauern und den Gourmet.

Fleisch

SHORTLOIN EYE OF IRISH LAMB

... MIT GUINESS BIER

HAUPTSPEISE FÜR 2 PERSONEN
Vor- und Zubereitungszeit: ca. 20 Min.
Marinieren: ca. 30 Min.
Garen im Ofen: ca. 11 Min.

Für die Marinade Senf und alle Zutaten bis und mit Pfeffer gut verrühren, Lamm damit bestreichen, zugedeckt ca. 30 Minuten marinieren. Marinade abstreifen, beiseite stellen.
Öl in einer Bratpfanne heiss werden lassen, Lamm beidseitig je ca. 1 Minuten anbraten, auf ein mit Backpapier belegtes Blech legen.
Garen: ca. 11 Minuten in der Mitte des auf 180 Grad vorgeheizten Ofens.
Für den Jus Kalbsfond auf die Hälfte einkochen, restliche Marinade beigeben, aufkochen, bei kleiner Hitze ca. 10 Minuten köcheln.
Für die Vinaigrette Aceto mit Öl und Bier gut verrühren, Minze beigeben, würzen.
Salat auf Tellern anrichten, Vinaigrette darüberträufeln, mit Gemüsechips garnieren, zum Lamm servieren, Jus dazu servieren.

ZUTATEN
4 TL grobkörniger Senf
2 TL Aceto balsamico*
4 EL dunkles Bier (z.B. Guiness)
2 Prisen Cayennepfeffer
wenig schwarzer Pfeffer
1 Fine Food Shortloin Eye of Irish Lamb (ca. 400 g)
1 EL Erdnussöl

2 dl Kalbsfond*
1 EL Aceto balsamico bianco
2 EL Sonnenblumenöl
2 EL dunkles Bier (z.B. Guiness)
2 TL Pfefferminzblätter, fein geschnitten
2 Prisen Salz, wenig Pfeffer
1 Baby-Lattich, in feinen Streifen

einige Fine Food Vegetable Chips

INSPIRATION
Das Shortloin Eye of Irish Lamb stammt aus dem Nordwesten Irlands, auch Insel Emerald genannt. Der Meereswind trägt salzige Luft über das fruchtbare Weideland und durch die ausgiebigen, lang anhaltenden Regenfälle wird die Erde mit dem Meersalz getränkt.
Das daraus wachsende, gewürzte Gras ist die Basis für den einzigartigen Fleischgeschmack dieses Qualitätsproduktes.

Fleisch

TAGLIATA VOM ANGUS-ENTRECÔTE

...AUF TIAN DE LÉGUMES MIT LAVENDEL-PFEFFERBUTTER

HAUPTGERICHT FÜR 4 PERSONEN
Vor- und Zubereitungszeit: ca. 50 Min.
Grillieren: ca. 5 Min.
Kühl stellen: ca. 30 Min.

Öl in einer Bratpfanne heiss werden lassen, Zucchini und Auberginen portionenweise bei mittlerer Hitze beidseitig je ca. 3 Minuten anbraten, etwas abkühlen. Tomaten mit Zucchini und Auberginen auf einem mit Backpapier belegtem Blech abwechslungsweise fächerartig zu 4 Rosetten auslegen, mit Öl bestreichen. Fleur de Sel und Thymian darüberstreuen.

Grillieren: ca. 5 Minuten auf der obersten Rille (nur Oberhitze oder Grill) des auf 200 Grad vorgeheizten Ofens.

Butter mit Lavendelblüten, Pfeffer und Salz mischen, zu einer Rolle formen, zugedeckt im Kühlschrank ca. 30 Minuten fest werden lassen.

Grillpfanne heiss werden lassen, Entrecôtes mit Öl bestreichen, würzen, beidseitig bei grosser Hitze je ca. 1 Minuten anbraten, Hitze reduzieren, beidseitig je ca. 3 Minuten fertig braten (à point/medium), in ca. 1 cm dicke Tranchen schneiden.

Gemüserosetten auf vorgewärmten Tellern anrichten, Entrecôtes dazulegen, Lavendel-Pfefferbutter auf das Fleisch geben.

ZUTATEN
Olivenöl zum Braten
½ Zucchini, längs halbiert, in feinen Scheiben
½ Aubergine, längs geviertelt, in feinen Scheiben
2 kleine Tomaten (z.B. Peretti), geviertelt, in feinen Scheiben
2 EL Limettenöl
¼ TL Fleur de Sel*
½ Bund Zitronenthymianblättchen

80 g Butter, weich
1 TL getrocknete Lavendelblüten, grob zerstossen
2 TL schwarze Pfefferkörner, grob zerstossen
1 TL Salz

4 Fine Food Angus Sirloin Steaks (je 220–250 g)
2 EL Olivenöl*
¾ TL Salz
wenig Pfeffer

INSPIRATION
Die Rasse Aberdeen-Angus-Beef stammt ursprünglich aus Nordschottland. Seit anfang der siebziger Jahre werden diese schwarzen, hornlosen Rinder auch in der Schweiz gezüchtet. Die Jungtiere wachsen in der sogenannten Mutterkuhhaltung in Gruppen auf und leben vorwiegend in freier Natur. Das leicht marmorierte, saftige Fleisch wird während 3 Wochen am Knochen abgehangen und erst dann sorgfältig entbeint. Das Fleisch ist butterzart und würzig.

Fleisch

BISONFILET

... MIT KLEINEM CHILI-CON-CARNE-WRAP

HAUPTSPEISE FÜR 4 PERSONEN
Vor- und Zubereitungszeit: ca. 40 Min.

Öl in einer beschichteten Bratpfanne heiss werden lassen, Fleisch rundum ca. 4 Minuten braten, herausnehmen, salzen. Bratfett auftupfen, evtl. wenig Öl beigeben. Zwiebel, Knoblauch und Chili andämpfen, Tomatenwürfeli und Tomatenpüree kurz mitdämpfen. Wein dazugiessen, aufkochen, bei mittlerer Hitze ca. 10 Minuten köcheln. Fleisch und Bohnen beigeben, nur noch heiss werden lassen, würzen.

Tortillas nach Angabe auf der Verpackung erwärmen, halbieren. Chili con carne, Crème fraîche und Zwiebel darauf verteilen, locker aufrollen, zugedeckt warm stellen.

Öl in einer Bratpfanne heiss werden lassen, Medaillons beidseitig je ca. 3½ Minuten braten, würzen. Wraps auf Tellern anrichten, Medaillons dazulegen.

Tipp: Das Gericht mit Kresse und Crème fraîche garnieren.

ZUTATEN

Erdnussöl zum Braten
150 g Rindshuft, in feinsten Würfeli
¼ TL Salz
1 kleine Zwiebel, fein gehackt
1 Knoblauchzehe, gepresst
1–2 rote Chili, in Ringen, entkernt
1 Tomate, in Würfeli
1 EL Tomatenpüree
½ dl Rotwein
100 g rote Bohnen aus der Dose, abgespült, abgetropft, trocken getupft
Salz, Pfeffer, nach Bedarf

4 Weizen-Tortillas
4 EL Crème fraîche
½ rote Zwiebel, in feinen Streifen

1 EL Erdnussöl
4 Fine Food Canadian Bison Tenderloin Steak
schwarzer Pfeffer aus der Mühle
¼ TL Fleur de Sel*

INSPIRATION

Dass dieses einzigartige Fleisch mit seinem unverwechselbaren Eigengeschmack heute überhaupt erhältlich ist, verdanken wir engagierten Tierschützern. Nachdem der Bison Ende des 19. Jahrhunderts bis auf einige hundert Exemplare ausgerottet war, boten sie den überlebenden Tieren Zuflucht im Yellowstone Nationalpark. Dort konnten sie sich ungestört wieder vermehren. Das Bisonfleisch gilt aufgrund seiner zarten Struktur als ganz besondere Delikatesse. Auch in der Schweiz werden immer häufiger Rinder dieser Rasse aufgrund des hohen Beliebtheitsgrades gezüchtet.

Fleisch

BLANC DE POULET JAUNE

...MIT SCAMPI GEFÜLLT AUF PEPERONI-CHUTNEY

HAUPTGERICHT FÜR 4 PERSONEN
Vor- und Zubereitungszeit: ca. 45 Min.
Kühl stellen: ca. 12 Std. oder über Nacht
Garen im Ofen: ca. 8 Min.
Backen: ca. 7 Min.
Für 4 ofenfeste Förmchen von je ca. 2 dl

ZUTATEN
½ dl Weissweinessig
60 g Rohzucker
30 g Gelierzucker
1 TL Senfkörner
1 Sternanis
½ TL rote Pfefferkörner
1 Nelke
je ½ rote, gelbe und orange Peperoni, in feinen Streifen
1 mittelgrosse Zwiebel, in feinen Streifen
4 grosse Mangoldblätter, weisse Stiele entfernt
Wasser, siedend
4 ungeschälte rohe Scampi ohne Schwanz, geschält
¼ TL Salz, wenig Pfeffer
4 Fine Food Blanc de Poulet jaune des Landes, längs je eine Tasche eingeschnitten
½ TL Salz, wenig Pfeffer
8 Zahnstocher
Öl zum Braten
1 EL Passionsfruchtcreme (z.B. Fine Food Passionfruit Curd)
1 Limette, heiss abgespült, trocken getupft, abgeriebene Schale und Saft
1 Päckli Strudelteig (ca. 120 g)
50 g Butter, flüssig

Essig mit allen Zutaten bis und mit Nelke aufkochen. Peperoni und Zwiebeln beigeben, nochmals aufkochen. Pfanne von der Platte nehmen, Chutney in der Pfanne auskühlen. Zugedeckt ca. 12 Stunden oder über Nacht kühl stellen.

Mangoldblätter im siedenden Wasser ca. 30 Sekunden blanchieren, kurz kalt abspülen, abtropfen, auf einem Tuch auslegen, trocken tupfen. Scampi würzen, in je ein Mangoldblatt einwickeln.

Pouletbrüstli mit Scampi füllen, würzen, Öffnung mit Zahnstochern gut verschliessen. Öl in einer Bratpfanne heiss werden lassen, Fleisch bei mittlerer Hitze beidseitig je ca. 1 Minuten anbraten, auf ein mit Backpapier belegtes Blech legen. Passionsfruchtcreme mit Limettenschale und -saft verrühren, Poulardenbrüstli beidseitig damit bestreichen.

Garen: ca. 8 Minuten in der unteren Hälfte des auf 200 Grad vorgeheizten Ofens. Herausnehmen, warm halten.

Für die Strudelteigkörbchen den Strudelteig in Quadrate von ca. 12 cm schneiden. Ofenfeste Förmchen mit der Öffnung nach unten auf ein mit Backpapier belegtes Blech legen, aussen mit Butter bestreichen. Je zwei Strudelteigquadrate sternförmig über den Boden des Förmchens legen.

Backen: ca. 7 Minuten der Mitte des auf 200 Grad vorgeheizten Ofens. Herausnehmen, etwas abkühlen, Körbchen aus den Förmchen nehmen und auf Teller legen.

Peperoni-Chutney nochmals aufkochen, in die Strudelteigkörbchen verteilen, Poulardenbrüstli tranchieren, neben die Körbchen auf die Teller anrichten.

Tipp: als Jus brauner Kalbsfond mit rotem Pfeffer dazu servieren.

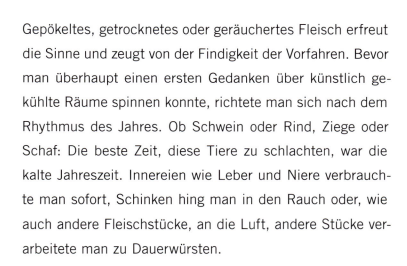

TROCKENFLEISCH

Gepökeltes, getrocknetes oder geräuchertes Fleisch erfreut die Sinne und zeugt von der Findigkeit der Vorfahren. Bevor man überhaupt einen ersten Gedanken über künstlich gekühlte Räume spinnen konnte, richtete man sich nach dem Rhythmus des Jahres. Ob Schwein oder Rind, Ziege oder Schaf: Die beste Zeit, diese Tiere zu schlachten, war die kalte Jahreszeit. Innereien wie Leber und Niere verbrauchte man sofort, Schinken hing man in den Rauch oder, wie auch andere Fleischstücke, an die Luft, andere Stücke verarbeitete man zu Dauerwürsten.

Salami sind luftgetrocknete Rohwürste, Saucissons werden im Rauch angetrocknet. Bresaola und Bündnerfleisch sind Verwandte – beide gepökelt, beide luftgetrocknet. Bresaola ist weicher als Bündnerfleisch, auch verwendet man nicht die gleichen Stücke vom Rind oder von der Kuh. Am Ende hat das Fleisch gut die Hälfte seines ursprünglichen Gewichtes verloren. Ob Luft oder Rauch oder beides zusammen: Entscheidend für die Konservierung von rohem Fleisch ist die Luftfeuchtigkeit; ist die Luft trocken, braucht es keinen Rauch. Das gilt auch für Jámon ibérico de Bellota, den köstlichen Schinken der Weideschweine aus südspanischer Eichelmast.

Trockenfleisch

RISOTTO VON DER HONIGMELONE

HAUPTSPEISE FÜR 4 PERSONEN
Vor- und Zubereitungszeit: ca. 30 Min.

...MIT SALAME AL TARTUFO

Öl warm werden lassen, Zwiebel andämpfen. Reis beigeben, unter Rühren dünsten, bis er glasig ist, Rüebli beigeben, ca. 2 Minuten mitdämpfen. Wein dazugiessen, vollständig einkochen. Bouillon unter häufigem Rühren nach und nach dazugiessen, sodass der Reis immer knapp
mit Flüssigkeit bedeckt ist, ca. 20 Minuten köcheln, bis der Reis cremig und al dente ist. Pfanne von der Platte nehmen.

Mit dem Kugelausstecher kleine Kugeln (Perlen) aus der Melone stechen, zusammen mit dem Frischkäse unter den Risotto mischen, würzen, auf Tellern anrichten.
Pinienkerne darüberstreuen, mit Brunnenkresse, Trüffelsalami und Crema di Aceto garnieren.

ZUTATEN
1 EL Olivenöl*
1 Zwiebel, fein gehackt
250 g Risottoreis (z.B. Carnaroli*)
1 Rüebli, in Würfeli
4 dl Weisswein (z.B. Gewürztraminer)
8 dl Gemüsebouillon, heiss

200 g Honigmelone, halbiert, entkernt
80 g Frischkäse (z.B. Philadelphia nature)
Salz, Pfeffer, nach Bedarf

60 g Pinienkerne, geröstet
40 g Brunnenkresse
80 g Fine Food Salame al tartufo
1 EL Crema balsamico*

INSPIRATION
Für die perfekte Qualität von Salami ist eine konstante Reifung bei gleichbleibender Temperatur und Feuchtigkeit nötig. Zusätzlich definieren hochwertigste Rohstoffe das Resultat. Eine ganz besonders delikate Note erhält der Salami durch das Versetzen mit einem Aromaträger, insbesondere wie im vorliegenden Fall mit schwarzem Trüffel.

Trockenfleisch

KÜRBISSALAT

... MIT PEPERONCINO, MINZE UND JAMÓN IBÉRICO DE BELLOTA RESERVA

HAUPTSPEISE FÜR 4 PERSONEN
Vor- und Zubereitungszeit: ca. 20 Min.
Ziehen lassen: ca. 3 Std.
Rösten im Ofen: ca. 4 Min.

Für die Sauce Limettensaft und alle Zutaten bis und mit Honig in einer weiten Schüssel gut verrühren, würzen.

Kürbis, Peperoncini, Ingwer und Minze zur Sauce geben, mischen. Zugedeckt im Kühlschrank ca. 3 Stunden ziehen lassen.

Baguette in sehr feine Scheiben schneiden, auf ein mit Backpapier belegtes Backblech legen.

Rösten: ca. 4 Minuten in der oberen Hälfte des auf 250 Grad vorgeheizten Ofens. Herausnehmen, etwas abkühlen, mit Tapenade bestreichen.

Kürbissalat auf Tellern anrichten, mit Jamon Iberico und Zitronenöl garnieren. Oliventoast dazu servieren.

ZUTATEN

1 Limette, heiss abgespült, trocken getupft, abgeriebene Schale und Saft
4 EL Orangensaft
4 EL Olivenöl*
2 TL Honig
¼ TL Salz, wenig Pfeffer

200 g Kürbis, in feinen Streifen
2 rote Peperoncini, entkernt, in feinen Streifen
2 cm Ingwer, fein gehackt
¼ Bund Pfefferminze, fein geschnitten

Baguette (ca. 80 g)
2 TL Olivenpaste*
200 g Fine Food Jamón Ibérico de Bellota Riserva
2 EL Olivenöl mit Zitrone*

INSPIRATION

Der Pata Negra Schinken mit seiner leicht nussigen Note gilt als einer der besten, luftgetrockneten Rohschinken der Welt. Der aus Spanien stammende Pata Negra reserva mit seiner Reifezeit von über 33 Monaten findet seinen Ursprung in Südwestspanien. Dort leben die halbwilden Iberischen Schweine, welche sich von Eicheln, Kräutern und Wurzeln ernähren. Die einzigartige Würzigkeit im Aroma des Schinkens macht ihn zum exklusiven, kulinarischen Botschafter Spaniens.

Trockenfleisch

Spargeln mit Orangen und Mandeln

... mit Magret de Canard séché

VORSPEISE
FÜR 4 PERSONEN
Vor- und Zubereitungszeit:
ca. 30 Min.

Spargeln im knapp siedenden Salzwasser ca. 3 Minuten knapp weich kochen, kalt abspülen, abtropfen. Spargelspitzen schräg abschneiden, Rest fein schneiden.
Für die Sauce Orangensaft und alle Zutaten bis und mit Kerbel mischen, würzen.
Von den Orangen Boden und Deckel, dann Schale ringsum bis auf das Fruchtfleisch wegschneiden. Fruchtfilets (Schnitze) mit einem scharfen Messer zwischen den weissen Häutchen herausschneiden. Orangenfilets mit Spargelspitzen auf Tellern anrichten, feingeschnittene Spargeln darübergeben, Mandelblättchen und Entenbrust darauf verteilen, Sauce darüberträufeln.
Tipp: Spargeln ganz kurz vor dem Servieren noch einmal in wenig Wasser wärmen, so entfalten sie ihr Aroma am besten.

ZUTATEN
500 g grüne Spargeln, unteres Drittel geschält
Salzwasser, siedend

1 Bio-Orange, wenig abgeriebene Schale, 2 EL Saft
2 EL Olivenöl*
½ roter Chili, in feinen Ringen, entkernt
½ TL Ingwer, fein gerieben
½ TL flüssiger Honig
¼ Bund Kerbel, fein geschnitten
¼ TL Salz, wenig Pfeffer

2 Orangen
20 g Mandelblättchen, geröstet
160 g Fine Food Magret de Canard séché

Trockenfleisch

Bresaola delle Alpi

...auf knuspriger Rösti mit Apfel

Hauptspeise für 2 Personen
Vor- und Zubereitungszeit: ca. 40 Min.

Kartoffeln und Apfelstreifen mischen, Kümmel beigeben, würzen. Sonnenblumenöl und Bratbutter in einer beschichteten Bratpfanne heiss werden lassen. Röstimasse in zwei Portionen teilen, in die Pfanne geben, zu Küchlein von ca. 5 mm Dicke formen, bei mittlerer Hitze beidseitig je ca. 8 Minuten braten, warm stellen.

Frischkäse und Thymian mischen. Rösti auf Tellern anrichten, Thymian-Frischkäse darauf verteilen, Bresaola luftig darauf anrichten, mit Basilikum garnieren.

Crema di Aceto mit Apfelwürfeli mischen, Teller damit garnieren.

Zutaten
300 g Kartoffeln, an der Röstiraffel gerieben
½ Apfel, in feinen Streifen
wenig Kümmel
¼ TL Salz, wenig Pfeffer
½ EL Sonnenblumenöl
½ EL Bratbutter

100 g Frischkäse
1 EL Thymianblättchen
90 g Fine Food Bresaola delle Alpi
einige Basilikumblätter zum Garnieren
2 EL Crema di Aceto al limone*
½ Apfel, in Würfeli

Inspiration
Dieses zarte, mild gesalzene Trockenfleisch mit dem delikaten Aroma von Wacholderbeeren stammt aus dem Veltlin. Bestes, italienisches Rindfleisch wird langsam im Bergkeller getrocknet. Hauchdünn aufgeschnitten schmeckt Bresaola am besten.

FINE FOOD INSPIRATION

PASTA

Wasser, Mehl, ein Tropfen Öl – nichts klingt einfacher als das Rezept für einen Pastateig. Oder ein Fladenbrot, wie es Urmenschen gebacken haben, nachdem sie die Technik des Mehlmahlens herausgefunden hatten. Die Menschen haben sich weiterentwickelt, das Rezept aber ist geblieben, ergänzt bloss durch die Variante all'uovo, mit Ei. Wer die Nudel erfunden hat, lässt sich nicht eruieren – die Zubereitung ist schlicht zu selbstverständlich. Deshalb ist die Geschichte von Marco Polo, der 1295 bei der Rückkehr aus Fernost die Spaghetti in Italien eingeführt haben soll, ein Märchen. Pasta wird schon in älteren Quellen erwähnt.

Aber auch Italien hat die Pasta nicht erfunden, dafür die Welt mit einem grandiosen Formen- und Geschmacksreichtum beglückt. Rund oder flach, hohl oder voll, schmal und breit, lang bis kurz, gerollt, gefaltet, plissiert, gezackt und die Aromen all der Saucen, die sich mit Pasta verbinden lassen: dicke, dünne, fleischige, vegetarische, einfache, komplexe, leichte, opulente – der Bogen des Geschmacks ist weit gespannt und bedeutet kulinarische Kunst im Höchstformat.

Pasta

Tagliarini all'uovo

...mit Artischocken und Oliven

HAUPTSPEISE FÜR
4 PERSONEN
Vor- und Zubereitungszeit:
ca. 35 Min.

Olivenöl in einer weiten Pfanne warm werden lassen. Schalotten und Knoblauch andämpfen, Artischocken, Oliven und Peperoni ca. 2 Minuten mitdämpfen. Verjus dazugiessen, aufkochen, Hitze reduzieren, ca. 2 Minuten köcheln. Petersilie und Basilikum beigeben, würzen.

Tagliarini im siedenden Salzwasser al dente kochen, abtropfen, mit dem Gemüse mischen.

Die Tagliarini auf Tellern anrichten, mit Parmesan und Crema di balsamico garnieren.

Tipp: Zwirbelbrot in feine Scheiben schneiden, toasten, mit schwarzer Oliventapenade bestreichen, Gericht damit garnieren.

ZUTATEN
6 EL Olivenöl*
2 Schalotten, in feinen Scheiben
2 Knoblauchzehen, gepresst
220 g Artischockenherzen*, abgetropft, halbiert, Öl aufgefangen
70 g schwarze Oliven, entsteint, geviertelt
1 gelbe Peperoni, geschält, in feinen Streifen
1 rote Peperoni geschält, in feinen Streifen
6 EL Verjus oder gut gelagerter Essig
1 EL glattblättrige Petersilie, fein geschnitten
1 EL Basilikum, fein geschnitten
Salz, Pfeffer, nach Bedarf

200 g Fine Food Tagliarini all'uovo
Salzwasser, siedend
80 g Parmesan, fein gehobelt
2 EL Crema di balsamico*

INSPIRATION
Die Tagliarini all'uovo sind aus ganz speziell ausgewählten Hartweizensorten und Eiern von Hühnern aus Freilandhaltung hergestellt.
Der Teig wird behutsam gewalzt und zur feinen Form geschnitten. Die fertigen Teigwaren werden anschliessend traditionell auf einem Holzrahmen langsam getrocknet und erhalten so ihre solide Textur.

Pasta

RADIATORI

... MIT SPINATPESTO

HAUPTSPEISE FÜR
4 PERSONEN
Vor- und Zubereitungszeit:
ca. 40 Min.

Für das Pesto Spinat, Petersilie und Pinienkerne fein hacken. Parmesan, Knoblauch, Zitronenschale und -saft beigeben, mischen. Olivenöl nach und nach darunterrühren, würzen.

Radiatori im siedenden Salzwasser al dente kochen, abtropfen. Radiatori mit Spinat-Pesto mischen, auf Tellern anrichten.

Aceto und Olivenöl verrühren, würzen. Jungspinat beigeben, über die Radiatori verteilen, mit abgeriebener Zitronenschale und Zitronenscheiben garnieren. Sofort servieren.

Tipp: Parmesan fein hobeln und Gericht damit garnieren.

ZUTATEN
140 g Jungspinat
60 g glattblättrige Petersilie
100 g Pinienkerne, geröstet
6 EL geriebener Parmesan
2 Knoblauchzehen, gepresst
1 Bio-Zitrone, wenig abgeriebene
Schale und 2 EL Saft
1½ dl Olivenöl*
½ TL Salz, wenig Pfeffer

200 g Fine Food Radiatori
Salzwasser, siedend

2 EL Aceto balsamico*
5 EL Olivenöl*
¼ TL Salz, wenig Pfeffer
100 g Jungspinat
1 Zitrone, ½ abgeriebene Schale
und ½ in feine Scheiben geschnitten

Pasta

Tagliolini al nero di seppia

… mit Calamares

Hauptspeise für 4 Personen
Vor- und Zubereitungszeit: ca. 45 Min.

Zutaten
2 dl Rahm
1 dl Fischbouillon
1 EL Zitronensaft
Salz, Pfeffer, nach Bedarf

4 Calamares
(küchenfertig, je ca. 80 g)
1 EL Olivenöl*
2 Knoblauchzehen, in feinen Scheiben
1 rote Zwiebel, in feinen Ringen
2 rote Chili, entkernt, gehackt
1 Bund glattblättrige Petersilie, fein gehackt
1 EL Olivenöl*
50 g grüne Zucchini, zu Spaghettini oder in feine Streifen geschnitten
50 g gelbe Zucchini, zu Spaghettini oder in feine Streifen geschnitten
wenig Salz, Pfeffer

150 g Fine Food Tagliolini al nero di seppia
Salzwasser, siedend
25 g Rettichsprossen

Für die Sauce Rahm, Bouillon und Zitronensaft verrühren, würzen, warm stellen.

Calamares auf der Oberseite mehrfach quer mit einem Messer einschneiden. Olivenöl in einer Bratpfanne heiss werden lassen, Calamares beidseitig je ca. 1 Minuten anbraten, Knoblauch und alle Zutaten bis und mit Petersilie beigeben, ca. 3 Minuten fertigbraten, würzen, warm stellen. Bratfett auftupfen, Öl in derselben Pfanne warm werden lassen, Zucchini-Spaghettini ca. 3 Minuten dämpfen, würzen, warm stellen.

Tagliolini im siedenden Salzwasser al dente kochen, abtropfen, zusammen mit Zucchini-Spaghettini auf Tellern verteilen. Sauce mit dem Pürierstab aufschäumen, Calamares in Ringe schneiden, beides auf Tagliolini anrichten, mit Rettichsprossen garnieren.

Inspiration
Tintenfischtinte bringt die satte, schwarze Farbe in diese Pasta aus Quellwasser und Hartweizengriess. Idealerweise wird das Thema Meeresfrüchte und Calamari in der Pastakreation und verbindet sich farblich und geschmacklich zu einer harmonischen Kombination.

Pasta

Pappardelle Zigrinate

Hauptspeise für 4 Personen
Vor- und Zubereitungszeit: ca. 35 Min.

Zutaten
400 g Fine Food Pappardelle zigrinate uovo
Salzwasser, siedend

1 EL Bratbutter
4 Wachteleier

1 EL Butter
2 Schalotten, fein gehackt
2 dl Weisswein
1 Briefchen Safran
2 dl Saucen-Halbrahm
½ TL Salz
100 g Rohschinken
(z.B. Fine Food Prosciutto crudo del Mendrisiotto
80 g Rucola
40 g gut gelagerter Parmesan, fein gehobelt

... mit Rohschinken und Wachtelei

Pappardelle im siedenden Salzwasser al dente kochen, abtropfen.

Butter in einer beschichteten Bratfanne heiss werden lassen. Wachteleier sorgfältig aufschlagen, in die Pfanne gleiten lassen, bei mittlerer Hitze zu Spiegeleier braten, warm stellen.

Butter warm werden lassen, Schalotten andämpfen, Weisswein dazugiessen, aufkochen, Safran beigeben. Rahm darunterrühren, aufkochen, Hitze reduzieren, ca. 10 Minuten köcheln, Sauce würzen. Pappardelle und Prosciutto daruntermischen, auf Tellern anrichten, mit Rucola, Parmesan und Wachteleiern garnieren.

Inspiration
Die gelbe Farbe der Papardelle zigrinate stammt vom hohen Anteil an Eiern der italienischen Freilandhühner. Die spezielle Qualität dieser Pasta definiert sich über ihre hohe Elastizität. Das hochwertige Spitzenprodukt ist nicht nur optisch sehr attraktiv, sondern eignet sich bestens für Kreationen mit unterschiedlichen Texturen, wie zum Beispiel im beschriebenen Rezept Rohschinken und Wachtelei.

GETREIDE & HÜLSENFRÜCHTE

Mais, Weizen und Reis sind die wichtigsten Getreidearten auf der Welt. In ihrer Urform waren diese Pflanzen einmal Gräser. Vor rund 11 000 Jahren haben Menschen mit dem Ackerbau begonnen. Durch die Weiterzucht der besten Pflanzen sind aus den winzigen Grassamen Körner geworden – wenn man einen Maiskolben in der Hand hält, ist das kaum zu glauben. Die Kolben braucht man ganz oder gemahlen zum Kochen und Backen. Polenta, gekochter Maisgriessbrei, ist sehr nahrhaft und deshalb ein altes volkstümliches Essen, das die Familienbudgets nie stark belastet hat. Heute werden ausgesuchte Maissorten in delikate Polentas verwandelt.

Auch Linsen, eine Hülsenfrucht, galten als Armeleutegericht, gar mit biblischem Hintergrund: Für ein Linsengericht verkaufte Esau das Erstgeborenenrecht seinem jüngeren Bruder. So wertlos im Vergleich mit dem Recht des Erstgeborenen die Linse auch sein mag, so wertvoll sind die flachen Samen an Nährstoff- und Proteingehalt. Linsen sind geschmacklich anpassungsfähig, sie lassen sich mit Speck wie mit Fisch, mit Äpfeln wie mit Kräutern kombinieren. Die Aromen stecken in der Schale, deshalb sind die kleinen grünen Linsen aus Puy so beliebt.

Getreide & Hülsenfrüchte

Süppchen von Lentilles vertes du Puy

...mit Spiesschen vom Kaninchenfilet

Vorspeise für 4 Personen
Vor- und Zubereitungszeit: ca. 1 Std.

Zutaten
300 g Kaninchenrückenfilets, in ca. 2 cm grossen Würfeln
4 Tranchen Bratspeck, in 3 cm langen Stücken
4 Holzspiesschen
¼ TL Salz, wenig Pfeffer
Bratbutter zum Braten

1 EL Sonnenblumenöl
1 kleine Zwiebel, fein gehackt
100 g Fine Food Lentilles vertes du Puy, kalt abgespült, abgetropft
80 g Rüebli, in Würfeli
80 g Sellerie, in Würfeli
8 dl Gemüsebouillon*
1 dl Halbrahm
2 TL grobkörniger Senf
1 TL Aceto balsamico*
2 EL Crème fraîche
¼ TL Salz
1 dl Rahm, steif geschlagen

Speck um die Kaninchenrückenfilets wickeln und auf die Spiesschen stecken, würzen. Bratbutter in einer Bratpfanne heiss werden lassen, Hitze reduzieren, Spiessli beidseitig je 4 Minuten braten, warm stellen.

Öl in einer Pfanne warm werden lassen, Zwiebel andämpfen. Linsen, Rüebli und Sellerie beigeben, mitdämpfen. Gemüsebouillon dazugiessen, aufkochen, Hitze reduzieren, ca. 20 Minuten köcheln. Suppe mit dem Mixstab pürieren, durch ein Sieb streichen, Halbrahm beigeben, kurz aufkochen. Senf, Aceto und Crème fraîche daruntermischen, würzen. Nochmals mit dem Mixstab schaumig rühren, Suppe in vorgewärmte Tassen füllen, mit Rahm garnieren. Spiessli dazu servieren.

Tipp: Süppchen mit gerösteten Brotcroûtons bestreuen und mit rotem Basilikum garnieren.

Inspiration
Auf dem roten, mineralhaltigen Vulkanboden von Le Puy in der Auvergne, Frankreich, werden seit über 2000 Jahren auf 1200 m Höhe grüne Linsen kultiviert.
Im Sommer, wenn die Linsen in ihren Hülsen eine grün-blaue Marmorierung zeigen, werden sie geerntet und getrocknet. Ihre äusserst feine Haut umschliesst eine Mandel, die nie mehlig wird im Kochprozess und sich durch einen leicht nussigen Geschmack auszeichnet.

Getreide & Hülsenfrüchte

GEBRATENE, WEISSE POLENTA

... MIT TRÜFFELÖL

Kalbsfond in eine Pfanne giessen, auf ca. ½ dl einkochen, warm halten.

Polenta nach Angabe auf der Verpackung zubereiten.

Die warme Polenta mit einem breiten Spachtel auf einem kalt abgespülten Blechrücken quadratisch ca. 1½ cm dick ausstreichen, auskühlen.

Olivenöl mit Kräutern und Knoblauch warm werden lassen, abkühlen.

Ausgekühlte Polenta in ca. 6 cm grosse Quadrate schneiden, zu Dreiecksformen halbieren und im Mehl wenden.

Kräuteröl in einer beschichteten Bratpfanne heiss werden lassen, Hitze reduzieren, Polentaschnitten portionenweise beidseitig je ca. 4 Minuten goldbraun braten, warm stellen.

Polentaschnitten auf vorgewärmten Tellern anrichten. Restliches Kräuteröl darüberträufeln, mit Thymian und gehobeltem Parmesan garnieren, Kalbsfond-Reduktion und Trüffelöl dazu servieren.

Tipp: wenig zerstossener, schwarzer Pfeffer darüberstreuen.

HAUPTSPEISE/BEILAGE FÜR 4 PERSONEN
Vor- und Zubereitungszeit: ca. 45 Min.

ZUTATEN
2 dl Kalbsfond*

150 g Fine Food Polenta bianca
1 dl Olivenöl*
je 2 Zweiglein Thymian, Rosmarin und Oregano
2 Knoblauchzehen, ungeschält, gequetscht
2 EL Weissmehl

1 EL Thymianblättchen
4 EL Parmesan, gehobelt
4 EL Trüffelöl*

INSPIRATION
Die Polenta gilt selbst in Italien als Rarität. Hauptanbaugebiet der weissen Maissorte ist die Pianura Padana, welche sich durch das Veneto, die Lombardei und das Piemont erstreckt. Traditionell zubereitet wird der Maisgriess in einem unlegierten Kupfertopf, dem Paiolo, auf dem Holzkohlenfeuer. Der leichte Rauchgeschmack gilt als Inbegriff der familiären Geselligkeit.

Getreide & Hülsenfrüchte

Curry vom Wolfsbarsch

... mit Riso Venere

Hauptspeise für 4 Personen
Vor- und Zubereitungszeit: ca. 40 Min.

Wolfsbarschfilets mit Salz und Curry würzen, zugedeckt kühl stellen.

Öl in einer Bratpfanne warm werden lassen, Zwiebeln und Knoblauch andämpfen, Curry beigeben, ca. 3 Minuten mitdämpfen. Tomaten beigeben, bei mittlerer Hitze ca. 15 Minuten köcheln, würzen. Doppelrahm und Dijonsenf daruntermischen.

Bratbutter in einer beschichteten Bratpfanne heiss werden lassen, Fischfilets portionenweise beidseitig je ca. 2½ Minuten braten, warm stellen.

Reis nach Angabe auf der Verpackung zubereiten.

Curry auf Tellern anrichten, Fisch darauf legen, mit Koriander bestreuen. Reis dazu servieren.

Tipp: Curry mit gerösteten Erdnüssen (z.B. Sri Lanka Curry Peanuts) bestreuen.

Zutaten
8 Wolfsbarschfilets (je ca. 120 g)
½ TL Salz
3 TL Curry (z.B. Fine Food Sri Lanka Curry)

3 EL Olivenöl*
2 Zwiebeln, in feinen Ringen
4 Knoblauchzehen, in Scheibchen
3 EL Curry (z.B. Fine Food Sri Lanka Curry)
800 g Tomaten, in Würfeli
1 TL Salz
4 EL Doppelrahm
2 TL Dijonsenf

2 EL Bratbutter
150 g Fine Food Riso Venere
4 EL Korianderblättchen

Inspiration
Der ursprünglich aus China stammende «Venus»-Reis wird seit 1997 auch in Italien angebaut. Dabei konzentriert sich der Anbau auf die piemontesische Po-Ebene. Geerntet wird ein ebenholzfarbiges, leicht glänzendes Reiskorn, das seine Farbe durch eine natürliche, dünne Pigmentschicht erhält. Wenn während des Kochprozesses die ätherischen Öle verdampfen, entsteht ein feiner Duft nach Brot und Sandelholz.

NÜSSE

Nüsse verbindet nicht eine wissenschaftlich hieb- und stichfeste Bestimmung, sondern Aussehen, Art und Nutzen. Eine Erdnuss ist eigentlich eine Hülsenfrucht, eine Erdmandel (Chufa) ein Wurzelknoten in einem Riedgras, eine Paranuss ein Same. Doch weil sich die Früchte, die da gemeint sind, ähneln – weicher Kern in harter Schale –, bleibt der gemeinsame Überbegriff durchaus sinnvoll. Gemein ist allen, dass man ihre Schale knacken muss, bevor man an den Kern des Vergnügens kommt. Mandeln, Hasel- und Baum- oder Walnüsse sind wie Erdnüsschen, Pistazien, Pinienkerne und Buchecker dem Europäer wohl vertraut; Macadamia- und Cashewnüsse hat er erst in neuerer Zeit kennen gelernt. Was in all den Schalen gut geschützt verborgen ist, sind hochwertige Energiebonbons. Pekannüsse enthalten 70 Prozent Fett, Macadamia, die Edelnüsse aus Australien, 66 Prozent, Mandeln 55 Prozent.

Mit ihren markanten Geschmacksvarianten eignen sich Nüsse zur Ergänzung oder Verfeinerung von allerhand Rezepten vom Kuchen bis zur Nusssauce auf Pasta. Aber am besten schmecken sie ganz – gerne etwas geröstet und gesalzen, zum Apéro oder als Rascherei zwischendurch.

Nüsse

Kartoffelmousseline

… mit Wasabi coated peanuts und Carpaccio von geräuchertem Stör

Hauptspeise für 4 Personen
Vor- und Zubereitungszeit: ca. 45 Min.

Zutaten
2 EL Sojasauce
½ TL Zucker

400 g mehlig kochende Kartoffeln, geschält, in Stücken, gekocht
1 dl Rahm, heiss
100 g Crème fraîche
½ TL Salz, wenig Pfeffer
1 EL Wasabi-Paste

140 g geräucherter Stör (z.B. Fine Food Sibirischer Stör)
2 EL Limettenöl
wenig Fleur de Sel*
20 g Fine Food Wasabi coated peanuts, grob gehackt
60 g Shiso-Sprossen oder Rettichsprossen

Inspiration
Wasabi, der südostasiatische Meerrettich, wächst ursprünglich wild an den Ufern von fliessenden Gewässern. Die erlesenen Erdnüsse für dieses Produkt sind in Wasabiteig gehüllt und erinnern durch ihre leicht pikante Würze an exotische Ferien in Thailand.

Sojasauce und Zucker zusammen aufkochen, sirupartig einköcheln.

Noch heisse Kartoffeln durchs Passe-vite direkt in die Pfanne treiben. Rahm und Crème fraîche unter Rühren mit der Holzkelle nach und nach beigeben. Pfanne hin und wieder kurz auf die noch warme Platte stellen, kräftig rühren, bis die Kartoffelmasse luftig ist und locker von der Kelle fällt, würzen. Wasabi daruntermischen, auf Tellern anrichten.

Stör dazulegen, mit Öl bepinseln, Fleur de Sel darüberstreuen. Mit Wasabi coated peanuts, Shiso-Sprossen und Sojareduktion garnieren.

Nüsse

SELLERIE-MEZZE

... MIT HONEY SAFFRON FLAVOURED CASHEW AND MACADAMIA NUTS UND FLADENBROT

VORSPEISE FÜR
4 PERSONEN
Vor- und Zubereitungszeit:
ca. 45 Min.
Aufgehen lassen: ca. 1 Std.

Für das Fladenbrot Salz im Wasser auflösen, Mehl in eine weite Schüssel geben, Mulde formen. Öl, Wasser und Safran beigeben, zu einem glatten Teig kneten. Zugedeckt bei Raumtemperatur ca. 1 Stunde aufs Doppelte aufgehen lassen. Teig in 8 Portionen, zu Kugeln formen, auf wenig Mehl ca. 5 mm dicke Fladen auswallen. Unbeschichtete Bratpfanne heiss werden lassen, Hitze reduzieren, Teigfladen portionenweise beidseitig je ca. 3 Minuten goldbraun backen.

Sellerie und alle Zutaten bis und mit Petersilie gut mischen, würzen, in Gläsern anrichten. Sesam darüberstreuen, mit heissem Fladenbrot servieren.

Tipp: wenig gehackte Honey Saffron flavoured Cashew and Macadamia Nuts darüberstreuen.

ZUTATEN
½ TL Salz
1½ dl warmes Wasser
250 g Weissmehl
1 EL Olivenöl*
1 Messerspitze Safran

180 g Sellerie, fein gerieben
1½ Knoblauchzehen, gepresst
160 g Joghurt nature
50 g Crème fraîche
60 g Fine Food Honey Saffron flavoured Cashew and Macadamia Nuts, grob gehackt
1 EL glattblättrige Petersilie, fein gehackt
½ TL Salz, wenig Pfeffer
½ TL Sesam, geröstet

INSPIRATION
Diese königlich anmutende Nussmischung verbindet Kontinente. Australien, das Ursprungsland der Macadamia, bietet den Nussbäumen die besten Klima- und Bodenverhältnisse. In Indien wachsen die hervorragenden Cashewnüsse. Wenig Honig, Meersalz und ein Hauch von Safran verleihen den Nussaromen die Krönung. Safran gehört zu den exklusivsten Gewürzen der Welt.

Nüsse

GEMÜSE-BULGUR

... MIT SRI LANKA COATED PEANUTS UND LAMMRACK

HAUPTGERICHT FÜR
4 PERSONEN
Vor- und Zubereitungszeit:
ca. 50 Min.
Garen im Ofen: ca. 7 Min.

ZUTATEN
1 EL Sonnenblumenöl
1 rote Zwiebel, in feinen Streifen
2 Knoblauchzehen, in feinen Scheiben
160 g Bulgur
5 dl Gemüsebouillon*

2 EL helles Paniermehl
½ TL Koriandersamen
½ TL Kreuzkümmel
2 TL Fine Food Sri Lanka Curry coated Peanuts, fein gehackt
200 g Lammrack*
¼ TL Salz, wenig Pfeffer
Bratbutter zum Braten

2 EL Sonnenblumenöl
100 g Zucchini, in Würfeli
je 50 g rote und gelbe Peperoni, in feinen Streifen
50 g Stangensellerie, in feinen Streifen
1 Limette, heiss abgespült, trocken getupft, abgeriebene Schale und Saft
65 g Fine Food Sri Lanka Curry coated Peanuts, grob gehackt
Salz, Pfeffer, nach Bedarf

Öl warm werden lassen, Zwiebel und Knoblauch andämpfen, Bulgur unter Rühren ca. 2 Minuten mitdünsten, Bouillon dazugiessen, aufkochen, bei kleiner Hitze ca. 15 Minuten köcheln.

Paniermehl mit Koriander, Kreuzkümmel und Sri Lanka Curry Peanuts mischen, auf einen flachen Teller geben. Lammrack würzen, in der Gewürz-Panade wenden, gut andrücken. Bratbutter in einer beschichteten Bratpfanne heiss werden lassen, Lamm beidseitig je ca. 1 Minuten anbraten, auf ein mit Backpapier belegtes Blech legen. Bratfett auftupfen.

Garen: ca. 7 Minuten in der Mitte des auf 180 Grad vorgeheizten Ofens.

Lamm zugedeckt ca. 5 Minuten ruhen lassen.

Öl in derselben Pfanne warm werden lassen, Zucchini, Peperoni und Stangensellerie andämpfen, Limettenschale und -saft beigeben. Bulgur und Sri Lanka Peanuts beigeben, mischen, würzen.

Lamm tranchieren, mit Bulgur auf Tellern anrichten.

Tipp: wenig feingeschnittene Pfefferminze unter das Bulgur mischen und mit gesalzenem Joghurt nature garnieren. Nach Belieben braunen Kalbsfond als Sauce dazu servieren.

INSPIRATION
Um die handverlesenen Erdnüsse aus kontrolliertem Anbau mit Curry zu ummanteln, wird eine spezielle Technik eingesetzt. Die Erdnüsse werden ohne Fett geröstet und dann mit einem Teig aus traditionellem Sri Lanka Curry bestehend aus Kurkuma, Koriander, Kreuzkümmel, Zimt, Kardamon und Ingwer umhüllt. Das Trocknen und Abkühlen muss sorgfältig ausgeführt werden, um Bruch zu verhindern. Ein wunderbares, pikant-würziges Produkt, das sich als Snack wie auch als Aromaträger eignet.

Nüsse

KLEINE GELDBEUTEL

...VON EXOTIC FRUITS & NUTS

DESSERT FÜR 4 PERSONEN
Vor- und Zubereitungszeit: ca. 30 Min.
Backen: ca. 15 Min.

ZUTATEN
150 g Fine Food Exotic Fruits & Nuts
1 EL Ahornsirup
1 TL Limettensaft

½ Päckli Strudelteig (ca. 60 g)
2 EL Butter, flüssig

1 EL Butter
4 Aprikosen, in Achteln
1 cm Ingwer, fein gerieben
½ dl Weisswein
2 TL Orangenblütenhonig*

1 EL Puderzucker
200 ml Fior di Latte Glace

Cashew-Nüsse und Pistazien von den Trockenfrüchten trennen. Nüsse in einer kleinen Pfanne bei mittlerer Hitze ca. 5 Minuten goldbraun rösten, herausnehmen. Trockenfrüchte beigeben, alles grob hacken, mit Ahornsirup und Limettensaft mischen.

Strudelteig sorgfältig auseinanderfalten, Teigblätter voneinander lösen und vierteln, sodass 8 kleine Teigblätter entstehen. 4 kleine Teigblätter nebeneinander auf ein feuchtes Tuch legen, mit Butter bestreichen, je ein Teigblatt sternförmig darauflegen. ¾ der Trockenfruchtmischung auf der Mitte der 4 «Teigsterne» verteilen, Teigränder zusammenraffen, sodass 4 kleine Beutel entstehen, auf ein mit Backpapier belegtes Blech legen, mit Butter bestreichen.

Backen: ca. 15 Minuten in der Mitte des auf 180 Grad vorgeheizten Ofens.

Butter in einer Pfanne warm werden lassen, Aprikosen ca. 3 Minuten andämpfen, Ingwer beigeben, Weisswein dazugiessen, aufkochen, bei kleiner Hitze ca. 5 Minuten köcheln. Honig daruntermischen, beiseite stellen.

Fruit & Nut Money Bags aus dem Ofen nehmen, mit Puderzucker bestäuben, auf 4 Teller verteilen. Mit der restlichen Trockenfruchtmischung, Aprikosen und je einer Kugel Glace servieren.

Tipp: Mit Goldstaub verzieren.

FINE FOOD INSPIRATION

KÄSE

Verächter bezeichnen Käse als verdorbene Milch, Kenner indessen verehren ihn als genialste Schöpfung im ganzen Spektrum der Konservierung – denn auch Käse ist das Resultat des Bemühens, Lebensmittel haltbar zu machen. Käse wird schon so lange produziert, dass er kaum eine Erfindung ist; eher eine Entdeckung durch Zufall. Jedenfalls kann keine Nation ein Copyright auf die Käseherstellung erheben – wer weiss denn schon, wo der erste Melker Zitzen gezupft hat? Gar in Afrika? Zu den ältesten Zeugnissen von Milchverarbeitung gehören Melkdarstellungen, die um 5000 vor Christus auf Höhlenwänden in der libyschen Sahara angebracht worden sind.

Das Prinzip ist stets dasselbe: Das Milcheiweiss wird aus der Milch geschieden und von der restlichen Flüssigkeit, der Molke, getrennt. Was nachher mit dem Eiweiss geschieht, erfüllt die Welt der Gourmets mit den schönsten Träumen. In Salzbädern, mit oder ohne Gewürze, Wein oder andern Aromen, und in Reifekellern entsteht eine schier unfassbare Vielfalt – vom weichen, zarten Ziegenfrischkäse bis zum beinharten Sbrinz.

Käse

MEDITERRANER BROTSALAT

...IM GLAS MIT MOZZARELLA DI BUFALA

VORSPEISE FÜR 4 PERSONEN
Vor- und Zubereitungszeit: ca. 30 Min.
Backen: ca. 5 Min.
Für 4 Gläser von je ca. 2½ dl

Olivenöl mit Fleur de Sel und Rosmarin in einer beschichteten Bratpfanne warm werden lassen, Brotwürfel langsam goldbraun rösten.

Grillpfanne heiss werden lassen, Auberginen mit Öl bepinseln, beidseitig je ca. 3 Minuten grillieren, sodass ein schön gezeichnetes Grillmuster entsteht, salzen.

Für die Vinaigrette Aceto mit Olivenöl und Vanillesamen gut verrühren, würzen.

Rohschinken auf ein Ofengitter legen. Backen: ca. 5 Minuten in der Mitte des auf 200 Grad vorgeheizten Ofens.

Brotwürfel und Auberginen mit Rucola, Pomodori, Zwiebeln und Mozzarella dekorativ in Gläser füllen, Vinaigrette darüberträufeln, Fleur de Sel darüberstreuen. Rohschinken-Chips über die Gläser legen.

Tipp: Mit Rosmarinzweiglein und Grissini garnieren.

ZUTATEN
1 EL Olivenöl*
¼ TL Fleur de Sel*
1 Zweiglein Rosmarin, fein geschnitten
4 Scheiben Toastbrot, Rinde weggeschnitten, in 1½ cm grossen Würfeln

200 g Auberginen, längs in ca. 5 mm dicken Scheiben
1 EL Olivenöl*
wenig Fleur de Sel*

1 EL Aceto balsamico*
2 EL Olivenöl*
½ Vanillestängel, nur ausgekratzte Samen
wenig Salz, Pfeffer
8 Tranchen Rohschinken

40 g Rucola
80 g Fine Food Pomodori Perino
½ rote Zwiebel, in sehr feinen Streifen
200 g Fine Food Mozzarella di Bufala, geviertelt, in ca. 2 cm dicken Scheiben
wenig Fleur de Sel*

Käse

STILTON-PRALINÉS

... MIT PORTWEIN-REDUKTION

VORSPEISE FÜR 4 PERSONEN
Vor- und Zubereitungszeit: ca. 20 Min.
Kühl stellen: ca. 1 Std.

Stilton und Butter zusammen schaumig rühren, zugedeckt ca. 1 Stunde kühl stellen.

Aus der Masse Kugeln von ca. 2 cm Ø formen (ergibt ca. 12 Stück). Pumpernickel-Brösel auf einen flachen Teller geben, Stilton-Kugeln darin wenden.

Portwein aufkochen, sirupartig einkochen. Stilton-Pralinés auf Tellern anrichten, mit Portwein-Reduktion garnieren, Baumnusskerne darüberstreuen.

Tipp: mit Gartenkräutern garnieren.

ZUTATEN
200 g Fine Food Stilton PDO with Portwine
80 g Butter, weich
100 g Pumpernickel, fein zerbröselt

1 dl roter Portwein
20 g Baumnusskerne, geröstet, grob gehackt

INSPIRATION
Seit 1996 ist der Blue Stilton herkunftsgeschützt und darf nur aus Milch der drei englischen Grafschaften Derbyshire, Leicestershire und Nottinghamshire zubereitet werden. Die typische Zylinderform und zarte, strahlenförmig angeordnete Adern sind unverkennbare Merkmale. Der Fine Food Blue Stilton wurde nach traditioneller Art mit Portwein getränkt.

Käse

BIRNEN-NUSS-SALAT

...MIT FRISCH GEHOBELTEM GRUYÈRE VIEUX

VORSPEISE FÜR 4 PERSONEN
Vor- und Zubereitungszeit: ca. 30 Min.

Nüsse in einer Bratpfanne leicht rösten, grob hacken.

Speckwürfeli in derselben Bratpfanne knusprig braten, herausnehmen.

Für die Sauce das Dressing mit Senf und Akazienhonig gut verrühren. Schalotte, Blattsalat und Birne beigeben, sorgfältig mischen.

Fein gehobelter Gruyère vieux darauf verteilen.

ZUTATEN
je 20 g Pinienkerne, Baumnusskerne und Haselnüsse
50 g Speckwürfeli

5 EL französisches Dressing
¼ TL milder Senf
2 TL Akazienhonig
½ Schalotte, in feinen Ringen
1 Birne, in feinen Streifen
200 g Blattsalat

100 g Fine Food Le Gruyère vieux, fein gehobelt

INSPIRATION
Die Käselaibe für diesen Fine Food Gruyère reifen 4 Monate länger als diejenigen des handelsüblichen Gruyère und zeichnen sich durch eine mürbe Konsistenz, kräftiges Aroma und körnigen Biss aus. Die Körnigkeit entsteht durch das auskristallisierende Salz während der Reifung. Für dieses Produkt werden die besten Käselaibe zweier Käsereien oberhalb des Bielersees ausgewählt.

Käse

WARME TARTES

...VOM CHÈVRE ST-JACQUES

HAUPTGERICHT FÜR 4 PERSONEN
Vor- und Zubereitungszeit: ca. 45 Min.
Für 4 ofenfeste Förmchen von je ca. Ø 10 cm, gefettet

Kuchenteig in 4 Quadrate von je ca. 12 cm schneiden, in die vorbereiteten Förmchen legen, Ränder andrücken, Boden dicht einstechen, ca. 15 Minuten kühl stellen. Teig mit Backpapier belegen, mit getrockneten Hülsenfrüchten beschweren.

Blindbacken: ca. 15 Minuten in der Mitte des auf 180 Grad vorgeheizten Ofens. Backpapier und Hülsenfrüchte entfernen, etwas abkühlen.

Butter in einer Pfanne warm werden lassen, Zwiebeln ca. 15 Minuten dämpfen, bis sie leicht karamellisieren, etwas abkühlen. Für den Guss Ei mit allen Zutaten bis und mit Zitronenschale gut verrühren, würzen.

Zwiebeln auf die Tartes-Böden verteilen, Chêvre St. Jacques quer halbieren, je eine Hälfte des Käses in die Mitte der Tartes legen, Guss sorgfältig dazugiessen.

Fertigbacken: ca. 15 Minuten in der Mitte des auf 180 Grad vorgeheizten Ofens (Heissluft). Herausnehmen, etwas abkühlen. Tartes aus der Form nehmen, auf Tellern anrichten, mit Thymian garnieren.

ZUTATEN
1 ausgewallter Kuchenteig (ca. 25 × 42 cm)

1 EL Butter
2 rote Zwiebeln, in feinen Streifen
1 Ei
½ dl Rahm
½ Bund Zitronenthymian,
4 Zweiglein für die Garnitur beiseite gestellt,
Rest fein geschnitten
¼ Bio-Zitrone, nur abgeriebene Schale
¼ TL Salz, wenig Pfeffer
2 Fine Food Chèvre St. Jacques

INSPIRATION
Die 700 Ziegen auf der Ferme de la Tremblay liefern die Milch für diesen aromatisch cremigen Weichkäse mit Weissschimmel. Der gesamte Herstellungsprozess dieses edlen, französischen Käses erfolgt vor Ort auf der Ferme. Eine sorgfältiger Reifeprozess von aussen nach innen macht dieses Produkt zu einer hervorragenden Käsespezialität mit weichem Schmelz.

DESSERTS

Der Ursprung des Wortes Dessert stammt aus dem Französischen, und das gewiss nicht zu Unrecht. «Desservir» heisst «ent-servieren», also abdecken, abräumen. Und wenn man nun denkt, das bedeute doch das Gegenteil von dem, was wir als Dessert verstehen, liegt man tatsächlich nicht ganz falsch. Das Abräumen dient dem Wiederauftischen, dies durchaus mit Berechtigung, wenn man sich die Zeiten des legendären Kochs Carême vor Augen hält: Anfang 19. Jahrhundert liess er architektonische Monumente auf den Tischen errichten und sie mit Obst, Nüssen und Zuckerzeug beladen. Ab 1850 etablierte sich der Begriff Dessert – Nachtisch –, und er gilt für Käse wie für die süssen Verführungen, die nach Fisch und Fleisch ein Menü beschliessen. Marzipan und Schokolade lassen sich leicht verformen, mit Zucker kann man Figuren basteln und ganze Bergmassive bauen. Solche Kunstwerke gibt es heute bestenfalls noch an Zuckerbäckerwettbewerben zu sehen. Das Dessert ist den Bedürfnissen von heute angepasst worden, es soll nicht zu schwer und nicht zu üppig sein, aber nicht minder fein und lecker als die Vorstellung, die alles Süsse in uns weckt.

Desserts

LAVENDELHONIG-PANNA COTTA

... MIT BLAUBEEREN

DESSERT FÜR 4 PERSONEN
Vor- und Zubereitungszeit: ca. 20 Min.
Kühl stellen: ca. 4 Std.
Für 4 Gläser oder Förmchen von je ca. 2½ dl, kalt ausgespült

Rahm mit Honig und Lavendelblüten aufkochen, Pfanne von der Platte nehmen, ca. 10 Minuten ziehen lassen, absieben. Gelatine beigeben, gut verrühren. Masse in die vorbereiteten Gläser verteilen, zugedeckt im Kühlschrank ca. 4 Stunden fest werden lassen.

Panna Cotta im Glas servieren oder mit einer Messerspitze sorgfältig vom Förmchenrand lösen, auf Teller stürzen.

Honig und Zitronensaft gut verrühren, Blaubeeren beigeben, auf den Panna Cotta verteilen.

Tipp: Mit flaumig geschlagenem Rahm und weisser Schokolade, in Späne gehobelt garnieren.

ZUTATEN
6 dl Rahm
4 EL Fine Food Miel de lavande
1 EL Lavendelblüten
3 Blätter Gelatine, ca. 5 Min. in kaltem Wasser eingelegt, abgetropft

2 EL Fine Food Miel de lavande
1 Zitrone, nur Saft (ergibt ca. ½ dl)
300 g Blaubeeren

INSPIRATION
Aus den südfranzösischen Alpes maritimes und Alpes de Haute Provence stammt diese Honigspezialität. Die cremige Konsistenz und das dezente Lavendelblütenaroma machen diesen Honig zu einem Delikatessprodukt. Im Gaumen sind feine Nuancen von frisch geriebenen Mandeln spürbar.

Desserts

Griessflammeri

... mit Greek Saffron und Feigenkompott

Dessert für 8 Portionen
Vor- und Zubereitungszeit: ca. 30 Min.
Kühl stellen: ca. 5 Std.
Ziehen lassen: ca. 1 Std.
Für 8 Förmchen von je ca. 1 dl, kalt ausgespült

Milch mit Salz und Safran aufkochen, Griess einrühren, Hitze reduzieren, unter ständigem Rühren bei kleiner Hitze ca. 7 Minuten zu einem dicken, aber noch feuchten Brei kochen. Griessbrei in der Pfanne auskühlen.
Gelatine mit dem Wasser auflösen, mit Orangenlikör verrühren, Orangen- und Zitronenschale und Ingwer darunterrühren, sofort gut unter den Griessbrei rühren.
Rahm mit Zucker steif schlagen, sorgfältig unter die Griessmasse ziehen, in die vorbereiteten Förmchen füllen, auskühlen, zugedeckt ca. 5 Stunden kühl stellen.
Portwein mit Honig aufkochen, von der Platte nehmen, Feigen beigeben, ca. 1 Stunde ziehen lassen.
Griessflammeri auf Teller stürzen. Feigenkompott dazu servieren, mit gehackten Pistazien bestreuen. Aus der Glace Kugeln formen, dazu servieren.

Zutaten
2½ dl Milch
15 Fäden Fine Food Greek Saffron
1 Prise Salz
40 g Hartweizengriess
1½ Blätter Gelatine, ca. 5 Min. in kaltem Wasser eingelegt, abgetropft
½ EL Wasser, siedend
1 cl Orangenlikör (z.B. Grand Marnier)
1 Bio-Orange, nur ½ abgeriebene Schale
1 Bio-Zitrone, nur ½ abgeriebene Schale
1 TL Ingwer, fein gerieben
2½ dl Rahm
50 g Zucker

1 dl roter Portwein
2 EL flüssiger Honig
2 Feigen, in feinen Schnitzen

1 EL gehackte Pistazien
200 ml Vanilleglace

Desserts

SCHOGGOCHINO

...VON DER COUVERTURE GRAND CRU MADAGASKAR

DESSERT FÜR 8 STÜCK
Vor- und Zubereitungszeit: ca. 40 Min.
Kühl stellen: ca. 3 Std.
Für 8 Gläser von je ca. 1½ dl

ZUTATEN
100 g Fine Food Couverture Grand Cru Madagascar 70 %
2 frische Eigelbe
2 Esslöffel Zucker
2 EL Kirsch
2 dl Vollrahm, steif geschlagen
2 frische Eiweisse
1 Prise Salz
1 Esslöffel Zucker

1 dl Rahm
½ Päckli Vanillezucker
wenig Blattgold zum Verzieren

Couverture in eine dünnwandige Schüssel geben, über das nur leicht siedende (80 Grad) Wasserbad hängen, sie darf das Wasser nicht berühren. Schokolade schmelzen, glatt rühren.

Eigelbe mit Zucker verrühren, weiterrühren, bis die Masse heller ist. Kirsch darunterrühren, Couverture sofort beigeben, gut verrühren. ⅓ Schlagrahm mit dem Schwingbesen unter die Masse rühren, Rest mit dem Gummischaber sorgfältig darunterziehen.

Eiweisse mit Salz steif schlagen, Zucker beigeben, weiterschlagen, bis der Eischnee glänzt. Eischnee portionenweise mit dem Gummischaber sorgfältig unter die Schokolademasse ziehen, in Gläser füllen, zugedeckt ca. 3 Stunden kühl stellen.

Rahm mit Vanillezucker flaumig schlagen, in die Gläser verteilen, mit Blattgold verzieren.

Tipp: Mit exotischen Früchten (z.B. Physalis) garnieren.

INSPIRATION
Diese exklusive Grand Cru Schokolade aus Madagaskar hat eine herbe Edelholz-Note und eignet sich hervorragend für Dessertkreationen, die den Schwerpunkt auf das Produkt legen.

Desserts

SCHOGGOCHINO

... VON DER COUVERTURE GRAND CRU MADAGASKAR

DESSERT FÜR 8 STÜCK
Vor- und Zubereitungszeit: ca. 40 Min.
Kühl stellen: ca. 3 Std.
Für 8 Gläser von je ca. 1½ dl

ZUTATEN
100 g Fine Food Couverture Grand Cru Madagascar 70%
2 frische Eigelbe
2 Esslöffel Zucker
2 EL Kirsch
2 dl Vollrahm, steif geschlagen
2 frische Eiweisse
1 Prise Salz
1 Esslöffel Zucker

1 dl Rahm
½ Päckli Vanillezucker
wenig Blattgold zum Verzieren

Couverture in eine dünnwandige Schüssel geben, über das nur leicht siedende (80 Grad) Wasserbad hängen, sie darf das Wasser nicht berühren. Schokolade schmelzen, glatt rühren.

Eigelbe mit Zucker verrühren, weiterrühren, bis die Masse heller ist. Kirsch darunterrühren, Couverture sofort beigeben, gut verrühren. ⅓ Schlagrahm mit dem Schwingbesen unter die Masse rühren, Rest mit dem Gummischaber sorgfältig darunterziehen.

Eiweisse mit Salz steif schlagen, Zucker beigeben, weiterschlagen, bis der Eischnee glänzt. Eischnee portionenweise mit dem Gummischaber sorgfältig unter die Schokolademasse ziehen, in Gläser füllen, zugedeckt ca. 3 Stunden kühl stellen.

Rahm mit Vanillezucker flaumig schlagen, in die Gläser verteilen, mit Blattgold verzieren.

Tipp: Mit exotischen Früchten (z.B. Physalis) garnieren.

INSPIRATION
Diese exklusive Grand Cru Schokolade aus Madagaskar hat eine herbe Edelholz-Note und eignet sich hervorragend für Dessertkreationen, die den Schwerpunkt auf das Produkt legen.

Desserts

APFELTARTE

... MIT MEXICAN VANILLA POD UND CHILI

DESSERT FÜR 7 STÜCK
Vor- und Zubereitungszeit: ca. 30 Min.
Kühl stellen: ca. 30 Min.
Backen: ca. 30 Min.
Für ein Muffinsblech mit 12 Vertiefungen von je ca. Ø 7 cm, davon 7 gefettet

Aus dem Teig Rondellen von ca. 8 cm Durchmesser ausstechen, in die vorbereiteten Förmchen legen, Rand gut andrücken, Böden mit einer Gabel dicht einstechen, ca. 30 Minuten kühl stellen.

Butter in einer Pfanne warm werden lassen, Äpfel andämpfen, Sultaninen mitdämpfen, Zucker und Zitronensaft beigeben, ca. 5 Minuten köcheln, auskühlen.
Eigelb und alle Zutaten bis und mit Chili gut verrühren. Eiweiss mit dem Salz steif schlagen, zusammen mit dem Rahm sorgfältig unter die Apfelmasse ziehen, auf den Teig in die Förmchen geben. Quarkmasse darauf verteilen.

Backen: ca. 30 Minuten in der Mitte des auf 180 Grad vorgeheizten Ofens. Herausnehmen, etwas abkühlen. Apfeltartes aus den Förmchen nehmen, mit Puderzucker bestäuben, auf Tellern anrichten.

Tipp: 2 EL flüssigen Honig mit ½ Vanillestängel, nur ausgekratzte Samen, verrühren, Törtchen damit verzieren, steif geschlagenen Rahm dazu servieren.

ZUTATEN
1 ausgewallter Mürbeteig (ca. Ø 32 cm)
½ EL Butter
200 g Äpfel (z.B. Gala), in Würfeli
1 EL helle Sultaninen
2 EL Zucker
1½ EL Zitronensaft

1 Eigelb
100 g Rahmquark
40 g Zucker
15 g Weissmehl
½ Bio-Zitrone, abgeriebene Schale und Saft
1 Fine Food Mexican Vanilla Pod
½ roter Chili, entkernt, fein gehackt

1 Eiweiss
1 Prise Salz
½ dl Vollrahm, steif geschlagen

Puderzucker zum Bestäuben

INSPIRATION
Schon die Azteken schätzten den süssen Duft der Vanilleschote. Heute stammt nur noch weniger als 1 % der Produktion dieses raren Gewürzes aus Mexico. Die Gewinnung ist höchst aufwändig. In den frühen Morgenstunden müssen die Blüten des Orchideengewächses bestäubt werden. Nach 6 bis 7 Monaten verfärben sich die Schoten am unteren Ende gelblich und werden dann geerntet, fermentiert und schliesslich an der Sonne getrocknet. Nach weiteren 6 Monaten Trocknungszeit ist die «Königin der Gewürze» handelsfertig.

FRIANDISES

Eine Friandise, schrieb 1894 Joseph Favre in seinem «Dictionnaire universel de cuisine pratique», bedeute «Sinn für die delikate Köstlichkeit». Was wie eine Verdoppelung klingt, meinte der Küchenmeister, der mit zwanzig Jahren aus dem Wallis nach Frankreich gezogen war, durchaus absichtsvoll – als ob die Betonung des Köstlichen die Kleinheit der Köstlichkeit noch hervorheben müsste. Denn Friandises sind keine kulinarische Wuchtbrummen, sondern geschmacklich aufs Feinste abgestimmte Naschereien: Häppchen, die eher in einem Löffel Platz haben, als Happen, die man aus der Schüssel schöpft. Friandises serviert man am Ende eines Mahls – der Hunger ist längst erloschen, der Appetit gezähmt, aber die Lust am Genuss flackert hin und wieder auf. Diese Lust beglückt man mit mundgerechten Patisserien, serviert auf einem hübschen Gefäss, mit Pralinen aus heller, brauner oder dunkler Schokolade, oft kombiniert mit Nüssen, dann mit Obstküchlein, um den Gaumen immer wieder mit etwas Säure zu erfrischen, oder mit Biscuitschalen, gefüllt mit Crèmes, die sich wie Balsam über das Spiel der Sinneseindrücke legen, die ein wundervolles Essen hervorgerufen hat.

Friandises

Mini Crème catalane

... MIT WEISSER SCHOKOLADE UND SCHOKOLADETALER MIT BERRY MIX

Dessert für 15 Schälchen von ca. ½ dl
Vor- und Zubereitungszeit: ca. 30 Min.
Kühl stellen: ca. 5 Std.

Rahm mit Vanillestängel und ausgekratzten Samen warm werden lassen, bei kleiner Hitze ca. 15 Minuten ziehen lassen. Weisse Schokolade beigeben, schmelzen. Vanillestängel entfernen.

Eigelbe und Zucker in einer dünnwandigen Schüssel gut verrühren, Rahm beigeben, gut verrühren. Schüssel über das nur leicht siedende Wasserbad hängen, sie darf das Wasser nicht berühren. Die Flüssigkeit ca. 10 Minuten mit einer Holzkelle cremig rühren, die Eimasse darf nicht kochen. Test: Die Creme muss einen Löffelrücken gleichmässig überziehen. Masse in die vorbereiten Schälchen füllen, ca. 5 Stunden kühl stellen.

Die Creme dünn mit Rohzucker bestreuen, mit dem Bunsenbrenner sorgfältig karamellisieren. Berry Mix darauf verteilen.

Weisse und dunkle Couverture getrennt über dem Wasserbad schmelzen. Mit einem Teelöffel Taler von ca. 5 cm Durchmesser auf ein mit Backpapier belegtes Blech ausstreichen (ergibt ca. 6 Taler pro Couverture), leicht anziehen lassen, Berry Mix darauf verteilen. An einem kühlen Ort (nicht Kühlschrank) trocknen, sorgfältig vom Papier lösen und zu den Mini-Crème-Catalanes servieren.

Zutaten
5 dl Vollrahm
1 Vanillestängel, längs aufgeschnitten, Samen ausgekratzt
60 g weisse Schokolade, grob gehackt

5 Eigelbe
100 g Zucker
2 EL Rohzucker

20 g Fine Food Berry Mix

50 g weisse Couverture
50 g dunkle Couverture
40 g Fine Food Berry Mix

Friandises

Kleiner Lassi von Mango und Passionsfruit Curd

… mit Gelee-Würfeln von Passionsfrucht Curd

Ergibt 10 Stück
Vor- und Zubereitungszeit: ca. 10 Min.
Kühl stellen: ca. 1½ Std.
Für 10 Shot-Gläser von je ca. ½ dl oder einer weiten Form von ca. 1 Liter, mit wenig Öl bestrichen und mit Klarsichtfolie ausgelegt

Zutaten Lassi
1 Limette, heiss abgespült, trocken getupft
½ Mango, in Stücken
180 g Joghurt nature
1½ dl Milch, kalt
1½ EL Fine Food Passionfruit Curd
1 Messerspitze Kreuzkümmelpulver
6 Eiswürfel, grob zerstossen
2 Passionsfrüchte, Fruchtfleisch ausgekratzt
¼ Bund Pfefferminze

Zutaten Gelee-Würfel
310 g Fine Food Passionsfrucht Curd
1 EL Limettensaft
1 dl Wasser
1 TL Agar-Agar

Von der Limette 4 Scheiben für die Verzierung abschneiden, beiseite stellen, von der reslichen Limette Saft auspressen. Limettensaft und alle Zutaten bis und mit Kreuzkümmelpulver ins Mixglas geben, fein pürieren. Eiswürfel beigeben, kurz weiterpürieren. Passionsfruchtfleisch in die Shot-Gläser verteilen, Lassi einfüllen, mit Pfefferminze verzieren.
Passionsfrucht Curd mit Limettensaft in einer Schüssel verrühren. Wasser mit Agar-Agar in einer Pfanne gut verrühren, aufkochen, unter Rühren ca. 2 Minuten weiterkochen, bis das Agar-Agar eindickt und klar ist. Zum Passionsfrucht Curd geben, gut verrühren, Masse in die vorbereitete Form geben, ca. 1 cm dick ausstreichen. Zugedeckt ca. 1½ Stunden kühl stellen. Passionsfrucht-Gelee in quadratische oder rautenförmige Stücke von ca. 1½ cm Länge schneiden, mit dem Lassi servieren.
Tipp: Gelee-Würfel in gerösteten Kokosraspeln oder gerösteten, gehackten Pistazien wenden.

Inspiration
Die Grundidee des Passionsfrucht-Curd stammt aus den Zutaten für den Belag der «Cheese Tartes», die auf das Mittelalter zurückzuführen sind. Die Basis bildet eine Mischung aus Eiern, Zucker, Butter und Zitronenzeste, vermischt mit dem edlen Aromaträger brasilianischer Passionsfrüchte. Es braucht viel Fingerspitzengefühl, um die optimale Konsistenz im Kochprozess zu überwachen. Eine kleine Manufaktur in Essex erstellt gemäss alter Tradition diesen hochwertigen Curd.

Friandises

SOUFFLIERTE KÜCHLEIN

... AUS CRÈME DE MARRONS

Dessert für 4 Personen
Vor- und Zubereitungszeit: ca. 20 Min.
Backen: ca. 20 Min.
Für 8 Espressotassen von je ca. ½ dl, gefettet

Butter, Crème de Marrons und Puderzucker in einer Schüssel gut verrühren. Quark, Eigelbe und Mehl beigeben, gut darunterrühren.

Eiweisse mit einer Prise Salz steif schlagen. Zucker beigeben, weiterschlagen, bis der Eischnee glänzt, mit dem Gummischaber sorgfältig unter die Maronen-Masse ziehen, in die vorbereiteten Tassen verteilen.

Backen: ca. 20 Minuten in der Mitte des auf 200 Grad vorgeheizten Ofens, dabei Ofentüre nie öffnen.

Herausnehmen, auskühlen. Küchlein sorgfältig aus den Tassen lösen.

Rahm flaumig schlagen, Maronencreme darunterziehen, dazu servieren.

Tipp: Küchlein mit Schokoladepulver bestäuben.

Zutaten
50 g Butter, weich
4 EL Fine Food Crème de Marrons
2 EL Puderzucker
2 EL Rahmquark
2 Eigelbe
50 g Mehl

2 Eiweisse
1 Prise Salz
2 EL Zucker
1 EL Butter

1 dl Rahm
2 EL Fine Food Crème de Marron

Inspiration

Dieses Produkt stammt aus den Edelkastanienwäldern Italiens. Die geernteten, gekochten und mit Rohzucker pürierten Marroni werden in der Schweiz im Emmental mit Milch, Rahm und Rohzucker zu einer Crème gekocht. Ein kleiner Schuss Kirsch lässt das Aroma noch klarer zur Sprache kommen. Dies ist ein ideales Produkt für Dessertkreationen aller Art, kann jedoch auch als Brotaufstrich verwendet werden.

Friandises

COOKIES

...VON ALL BUTTER FUDGES UND ERDNÜSSEN

Butter und Erdnussbutter in einer Schüssel weich rühren. Zucker darunterrühren, Ei und Whisky beigeben, gut verrühren. Erdnüsse und Fuges darunterrmischen. Mehl und Backpulver mischen, darunterziehen. Mit einem Teelöffel mit genügend Abstand Häufchen auf zwei mit Backpapier belegte Bleche geben.
Backen: ca. 8 Minuten im auf 180 Grad vorgeheizten Ofen (Heissluft). Die Cookies sollten nach dem Backen noch feucht sein. Herausnehmen, etwas abkühlen, auf einem Gitter auskühlen.
Rahm aufkochen, Couverture beigeben, vom Herd nehmen und glatt rühren. Cognac darunterrühren, Canache auskühlen, zugedeckt ca. 12 Stunden kühl stellen. In einen Spritzsack füllen und je ca. 3 mm dick auf die Unterseite der Hälfte der Cookies spritzen. Je ein zweites Cookie daraufsetzen, sodass eine schön sichtbare Schokoladenfüllung entsteht.
Haltbarkeit: lagenweise mit Backpapier getrennt in einer Dose gut verschlossen: ca. 1 Woche.

INSPIRATION
Wegen ihrer ausgezeichneten Qualität gewannen diese Fudges den Qualitäts Award 2004/05 für die beste Konditorei-Süssware auf dem englischen Markt. Hergestellt werden sie nach einem alten Rezept in Yorkshire, wo die Tradition dieser Süssigkeit seit langem gepflegt wird. Nach einem zarten, mürben Biss folgt ein rahmig-buttriger Karamelgeschmack.

ERGIBT CA. 36 STÜCK
Vor- und Zubereitungszeit: ca. 20 Min.
Backen: ca. 8 Min.
Kühl stellen: ca. 12 Std.

ZUTATEN
75 g Butter
85 g Erdnussbutter
75 g Zucker
1 Ei
1 EL Whisky
50 g Erdnüsse, grob gehackt, geröstet
75 g Fine Food all butter Fudges, grob gehackt
150 g Mehl
½ TL Backpulver

50 g Rahm
50 g dunkle Couverture (60 bis 70 %), grob gehackt
1 cl Cognac

FINE FOOD INSPIRATION

IMPRESSUM

HERAUSGEBER UND REZEPTE
Coop, Fine Food

GESAMTVERANTWORTUNG
Coop, Roland Frefel

KONZEPT, GESTALTUNG UND FOTOGRAFIE
Schaffner & Conzelmann, Basel

TEXTE
Paul Imhof, Basel

FOODSTYLING
Jane Ingold, Armin Saner

DRUCK
Kreis Druck AG, Basel

AUSRÜSTUNG
Buchbinderei Burkhardt AG, Mönchaltorf

ISBN Nr. 978-3-033-02603-2

© Coop Basel, 2010

Alle Rechte vorbehalten, einschliesslich derjenigen des auszugsweisen Abdrucks und der elektronischen Wiedergabe.